Theo Lehmann



# Nix wie weg hier

aussaat

Neukirchener Verlagsgesellschaft mbH

**www.nvg-medien.de**
Umschlaggestaltung: Andreas Sonnhüter, Düsseldorf, unter
Verwendung eines Fotos © von iStockphoto.com
Satz: Breklumer-Print-Service, Breklum
Druck: Fuck Druck, Koblenz
Printed in Germany
ISBN 978-3-7615-5690-0

# Inhalt

# ... da hört die Gemütlichkeit auf

1.Mose 12,1ff

Ich lese gerne Heiratsannoncen. Mich wundert immer, was da manche Leute für Ideale haben. Zum Beispiel wünscht sich ein junger Mann eine Partnerin »mit Sinn für gemütliches Heim«. Also ich bitte euch! Mit achtzehn schon von der Gemütlichkeit schwärmen, da sieht man doch: Es gibt junge Menschen, die sind schon mit achtzehn komplette Spießer. Und es gibt alte Menschen, die sind noch mit achtzig so kregel, dass sie eine Weltreise antreten.
Da hat doch tatsächlich ein Achtzigjähriger aus Chemnitz eine Reise in den Kaukasus gemacht. Nicht mit dem Flugzeug, das ist ja keine Kunst. Nein, mit einem uralten Trabanten. Ganz schöne Leistung sowas. Jedenfalls für den Trabanten. Der stammte übrigens aus dem Kaukasus. (Nicht der Trabant, sondern der Achtzigjährige.) Ihr wisst ja: Dahinten, im Kaukasus, da werden die Leute heute noch steinalt. Ich habe in der Zeitung gelesen: »Der älteste Bürger Russlands und vermutlich der ganzen Erde, Schirali Mislimov, ist im Alter von 168 Jahren im Kaukasus gestorben.«

## Stör mir meine Greise nicht

Wisst ihr, warum die dort so alt werden? Weil die gesund leben. Keine Umweltverschmutzung der Luft. Dort gibt's keine Gauloise. Und gesunde Ernährung! Nicht immer bloß Rostocker Makrelen in Senftunke, sondern ordent-

lich Knoblauch und frischer Ziegenkäse. Da kann man leicht hundert Jahre alt werden.
Ich erzähle euch heute von einem Mann, der sogar noch ein bisschen älter geworden ist als Schirali Mislimov. Der mit 75 Jahren eine Reise antrat, die viele Jahre dauerte und über viele tausend Kilometer ging. Aber nicht mit dem Trabanten, sondern zu Fuß! Die Geschichte spielt zu einer Zeit, als es noch gar keine Autos gab, das war vor etwa 4000 Jahren, unten in der Drehe von Mesopotamien und Israel. Es ist die Geschichte von Abraham.
Wenn ein Mann, der alles hat, was er braucht, der es zu etwas gebracht hat und dem es blendend geht, sein Vaterland verlässt mit Sack und Pack, jahrelang tausende Kilometer marschiert, um in ein fernes, ihm vollkommen unbekanntes Land zu ziehen, dann muss er dafür einen triftigen Grund haben. Bei Abraham war der Grund: Gott hatte ihn gerufen. So steht es in der Bibel:
»Und der Herr sprach zu Abraham: Geh aus deinem Vaterland und von deiner Verwandtschaft und aus deines Vaters Haus in ein Land, das ich dir zeigen will. Und ich will dich zum großen Volk machen und will dich segnen und dir einen großen Namen machen, und du sollst ein Segen sein« (1.Mose 12,1).
Abraham hätte brav seine Ziegen gehütet und seinen Ziegenkäse gefressen bis an sein Lebensende, der wäre nie über den Rand seiner Klitsche rausgekommen, der wäre namenlos untergegangen unter den zahllosen Menschen der Frühgeschichte, wenn ihn nicht Gott aus seinem Trott rausgeholt hätte. Dieser kurze Satz »Der Herr sprach zu Abraham« reißt den alten Mann aus seinen eingefahrenen Gleisen. Das macht ihn überhaupt erst zu einem Menschen, von dem es sich lohnt, zu reden. Und ich sage euch gleich von vornherein: Ich rede bloß deshalb vom

Vater Abraham, weil der Gott, der ihn damals gerufen hat, der gleiche Gott ist, der mich auch gerufen hat und der euch auch ruft.

## Loslatschen statt Rumquatschen

Manche Leute unterhalten sich gern stundenlang, ob es Gott gibt oder ob es den nicht gibt. Solche Leute haben wirklich keine Ahnung, wer Gott ist. Gott ist kein Diskussionsgegenstand, über den du dich in aller Gemütlichkeit bei einer Zigarette unterhalten kannst. Sondern das ist einer, der dich ruft, fordert, zum Gehorsam auffordert, verändert. Das Leben Abrahams war von dem Augenblick an, als Gott ihn gerufen hatte, total verändert. Von diesem Moment an konnte er einfach nicht so weitermachen wie bisher.

Selbstverständlich hat Gott den Abraham nicht gezwungen. Gott zwingt niemanden. Selbstverständlich hätte Abraham zu Gott »Nein« sagen können, genauso wie ihr die Freiheit habt, »Nein« zu sagen. Abraham hätte ja einfach sagen können: »Was willst du mit mir altem Knacke noch anfangen? Mit mir ist doch nichts mehr los, such dir für deine Pläne lieber einen jungen Mann. In meinem Alter fang ich nicht nochmal neu an. Mein Leben ist bald zu Ende, ich kriege schon Rente, lass mich in Frieden.«

Ich glaube nicht, dass der Abraham in Frieden hätte weiterleben können. Es ist nämlich eine alte Erfahrung: Wen Gottes Ruf einmal getroffen hat, den lässt das nie wieder los, und wer diesem Ruf nicht folgt, der findet nie wieder Frieden. Wenn uns im Berufsleben eine andere Stelle angeboten wird, dann können wir so ein Angebot ohne weiteres ablehnen, einfach weil wir keine Lust haben, uns zu verändern. Das gibt vielleicht ein paar Tage lang Unruhe, man überlegt ein bisschen hin und her – gehste oder

gehste nicht? –, aber schließlich beruhigt man sich wieder, und alles bleibt wie früher.
Das ist aber unmöglich, wenn es sich um einen Ruf Gottes handelt. Da bleibt nicht alles wie früher. So ein Ruf verändert unser ganzes Leben, und wer ihn ablehnt, findet nie wieder die Ruhe, die er vorher vielleicht hatte.
Es ist deshalb für euch ziemlich gefährlich, hierher in diese Kirche zu kommen, weil ihr es hier mit Gott zu tun kriegt. Hier ist keine fromm frisierte Unterhaltungsshow, sondern hier ist Gottesdienst, hier redet Gott zu euch, hier ruft Gott euch, hier werdet ihr vor eine Entscheidung gestellt: Wollt ihr auf Gottes Ruf hören, ihm gehören, ihm gehorchen, ihm dienen? Wollt ihr ihm euer Leben geben, wollt ihr euch von ihm führen, beschenken, glücklich machen, segnen lassen? Oder wollt ihr euern Weg alleine bestimmen? Wollt ihr bleiben, wie ihr seid, und machen, was ihr wollt? Darum geht es hier, und deshalb sage ich, ist es gefährlich für euch, hierher zu kommen. Wenn ihr euch nämlich gegen Gott entscheidet, dann kostet euch das den Frieden eurer Seele, dann bleibt ihr ruhelos, nicht nur in diesem Leben, sondern bis in alle Ewigkeit.
Auf der anderen Seite ist es aber auch kein Zuckerlecken wenn ihr euch für Gott entscheidet. Na, da ist erst was los! Da bekommt ihr zwar einen Frieden, eine innere Ruhe wie sonst nirgends auf der Welt, und das ist das Herrliche am Glauben. Ein Mensch, der glaubt, der weiß: »Ich bin in Gottes Hand, und wenn ich Gott liebe, dann dienen mir alle Dinge zum Besten. Dann brauche ich mir um meine Zukunft, mein Leben, keine Sorgen mehr zu machen, weil Gott für mich sorgt.« So zu leben, ist einfach herrlich, das kann ich euch bezeugen. Und deswegen ist es das Herrlichste, was einem Menschen passieren kann, wenn Gott zu ihm sagt: »Du, dich meine ich! Komm mit! Mit dir will ich was Neues anfangen.«

Ich wünschte, dass viele von euch heute diesen Ruf Gottes hören und diesen Frieden bekommen. Aber ich muss auch dazu sagen: In dem Augenblick, wo einer zu Gott »Ja« sagt und anfängt, mit Gott zu leben, da hört die Gemütlichkeit auf.

**Familien-Bande!**

Gemütlichkeit ist kein Ideal für Gotteskinder. Gemütlichkeit ist nämlich ganz was anderes als Ruhe und Frieden. Es kann einer ein äußerst unruhiges Leben haben. Es kann einer in einer höchst ungemütlichen Situation sein, z.B. in einer Gefängniszelle, und trotzdem einen tiefen inneren Frieden haben. Für Spießer, deren höchstes Lebensideal die Gemütlichkeit ist, die auf ihren Ansichten und Gewohnheiten genauso fest draufsitzen wie auf ihrem Sofaplatz vorm Fernseher, für die ist ein Leben mit Gott nichts.

Spießer sind Leute, die gegen jede Veränderung sind. Gott aber bringt immer Veränderung. Deshalb sage ich: Wo Gott anfängt, hört die Gemütlichkeit auf. Das ist das Erste, was Abraham lernen musste. Der muss mit 75 Jahren nochmal neu anfangen. Raus aus seiner gemütlichen Altbauwohnung. Alles zurücklassen. Alles sausen lassen. Alle Kontakte, Brücken und Verbindungen abbrechen – warum?

Wenn die neue Verbindung mit Gott das Leben bestimmen soll, dann müssen alle anderen Verbindungen, die bisher entscheidend waren, gelöst werden. Das ist der Grund, warum Abraham sein Volk, seine Heimat, seine Familie verlassen muss. Er muss jetzt lernen, nur auf Gott zu hören, nur auf Gott angewiesen zu sein. Alle anderen Sicherungen werden ihm genommen.

Das ist dem Abraham bestimmt nicht leichtgefallen, zumal

wenn man bedenkt, dass heute noch im Orient die Heimat, die Sippe, die Familie die stärkste Macht im Leben des Einzelnen ist. Das war damals erst recht so. Wer von der Heimat wegging, wer sich von seiner Familie trennte, war praktisch erledigt. Bei uns spielt die Familie zwar nicht mehr eine so bestimmende Rolle, aber trotzdem glaube ich, dass Kurt Tucholsky Recht hatte, als er schrieb:
»Die Familie (familia domestica communis, die gemeine Hausfamilie) kommt in Mitteleuropa wild vor und verharrt gewöhnlich in diesem Zustande. Sie besteht aus einer Ansammlung vieler Menschen verschiedenen Geschlechts, die ihre Hauptaufgabe darin erblicken, ihre Nasen in deine Angelegenheiten zu stecken. Wenn die Familie größeren Umfang erreicht hat, nennt man sie ›Verwandtschaft‹. Die Familie erscheint meist zu scheußlichen Klumpen geballt und würde bei Aufständen dauernd Gefahr laufen, erschossen zu werden, weil sie grundsätzlich nicht auseinander geht.«
Da haben wir's: Die Familie geht grundsätzlich nicht auseinander, und was die Verwandtschaft betrifft, muss ich euch unbedingt eine jiddische Geschichte erzählen. Im Jiddischen heißt Verwandtschaft »Mischpoche«. Ein kleiner Junge, der das nicht weiß, fragt seinen Vater: »Vater, Mischpoche – is das was zum Essen?« »Nein«, sagt der Vater, »das is was zum Kotzen.«
Wie gesagt, bei uns heute ist die Familie nicht mehr ganz so mächtig wie in früheren Zeiten. Aber ich kenne genug Familien, die einen so starken Einfluss auf ihre Mitglieder haben, dass die denen nicht erlauben, mit Gott zu gehen. Jesus wusste das. Deshalb hat er dem jungen Mann, der ihm nachfolgen wollte, nicht erlaubt, sich vorher noch schnell von seiner Familie zu verabschieden. »Wer seine Hand an den Pflug legt und sieht zurück, der ist nicht geschickt zum Reich Gottes« (Lukas 9,62).

Ich kenne genug junge Christen, die den Ruf Gottes gehört haben, die ihm nachfolgen möchten und denen ihre Eltern das verbieten. Ich kenne junge Christen, die zur Gottesdienstzeit zu Hause sitzen, weil ihre Eltern ihnen nicht erlauben, in die Kirche zu gehen. Wenn das schon für manche nicht zu schaffen ist, sich für eine einzige Stunde von dem Familienklumpen zu lösen, dann könnt ihr euch vielleicht ungefähr vorstellen, was es für den alten Abraham bedeutet hat, alles für immer hinter sich zu lassen.

## Tausch das Sofa mit dem Mofa

Abraham hat eine gutbürgerliche, gesicherte Existenz mit einer unsicheren Zukunft vertauscht. Der hat sein gemütliches Plätzchen hinter dem Ofen verlassen, um in ein neues, unbekanntes Land aufzubrechen. Ohne den genauen Weg dahin zu kennen. Ohne genau zu wissen, was ihn dort erwartet. Ohne eine sichtbare Garantie. Er hatte weiter nichts als Gottes Befehl: »Geh, Abraham, geh!« Und Gottes Verheißung: »Ich will dich segnen.« Im Vertrauen auf Gott ist Abraham losmarschiert und damit für alle Zeiten zum Stammvater, zum großen Vorbild des Glaubens geworden.
Es ist nicht gesagt, dass Gott von euch das Gleiche verlangt wie von Abraham. Es ist nicht gesagt, dass ihr euch von euren Familien trennen müsst, um Gott nachzufolgen, obwohl es das auch gibt. Auf alle Fälle verlangt Gott von jedem, den er zu sich ruft, dass er aus der Gemütlichkeit und dem warmen Nest aufbricht.
Ich weiß nicht, wie das Nest aussieht, das ihr euch gerade baut, z.B. was euren Beruf betrifft. Manche sind noch am Überlegen, was sie mal machen sollen (meine jüngste Tochter schwankte lange zwischen Schlagersängerin und Verkäuferin), andere haben schon ein bestimmtes Berufsziel, andere haben schon ihren Beruf. Also gut. Was sagt

ihr aber dazu, dass es viele alte Menschen gibt, die ohne die nötige Pflege sind, weil es zu wenig Pflegepersonal gibt? Gibt das keinem von euch zu denken? Heute sind hier wieder so viele junge Menschen in der Kirche. Ich nehme an: Gott hat unter dieser großen Menschenmenge einige ausgesucht, für die er einen ganz besonderen Auftrag hat. Und er sagt jetzt vielleicht zu einem Mädchen: »Du, dich brauche ich. Lass deine Berufspläne sausen. Du wirst Krankenschwester.« Und zu einem jungen Mann sagt er vielleicht: »Du, ich rufe dich. Verabschiede dich von deinen bisherigen Plänen, ich habe für dich einen anderen Plan: Du wirst Krankenpfleger.« Vielleicht ruft er jetzt sogar einen von euch, der schon einen Beruf hat, und sagt: »Komm, sattle um, lange genug hast du hinter der Ladentafel gestanden und Bohnerwachs und Zahnpasta verkauft. Das macht ab jetzt ein anderer, für dich hab ich was Neues.«

Natürlich können wir jetzt nicht alle plötzlich Krankenschwester werden. Also z.B. ich mit dem weißen Häubchen, ich weiß nicht, ob das das Richtige wäre. Der Abraham ist schließlich auch nicht Krankenschwester geworden, das ist ja nur ein Beispiel. Aber er ist den Weg gegangen, auf den Gott ihn gerufen hat, und das ist das Entscheidende.

Gott hat nicht für jeden von uns den gleichen Auftrag, aber er hat für jeden von uns das gleiche Angebot: Geh den Weg, den ich dich führe, und ich zeige dir ein Glück, von dem du bisher überhaupt keine Ahnung hattest.

## Gottes Atlas für den Alltag

Am Anfang sieht das alles aus wie ein einziges Verlustgeschäft. Abraham verliert erst mal alles. Auch du wirst, wenn du den Weg mit Gott gehst, zunächst einiges verlie-

ren: Vielleicht verlierst du deine besten Freunde, deine beruflichen Chancen. Du musst vieles aufgeben: vielleicht deine Lebensgewohnheiten, deine Lebensanschauung, deine Lebenspläne.
Jeder macht sich für sein Leben Pläne, aber ihr wisst ja, wie das mit solchen Plänen ist. Bert Brecht sagt:

Ja, mach nur einen Plan,
sei nur ein großes Licht!
Und mach dann noch 'nen zweiten Plan –
gehn tun sie beide nicht.

Die Pläne, die du dir machst, gehen oft schief. Weißt du, warum? Weil du sie ohne Gott machst. Weil sie nicht mit Gottes Plan übereinstimmen, dann hast du Probleme. Gott hat nämlich auch einen Plan für dein Leben. Hast du das schon gewusst? Ich sage dir, es ist wunderbar, zu wissen, dass Gott für uns einen Plan hat. Denn was Gott in die Hand nimmt, das geht garantiert in Ordnung.
Es kommt deshalb zunächst für dich darauf an, dass du Gottes Plan erkennst. Dazu musst du in die Bibel gucken Dort steht: »Christus spricht: Ich bin gekommen, um ein inhaltsreiches und sinnerfülltes Leben zu bringen« (Johannes 10,10). Oder, noch deutlicher: »Ich habe euch erwählt und dazu bestimmt, dass ihr hingeht und Frucht bringt« (Johannes 15,16).
Du bist dazu bestimmt, ein fruchtbares Leben zu führen. Mehr brauchst du für den Anfang gar nicht zu wissen. Gott gibt dir seinen Plan nicht vorher in allen Einzelheiten bekannt. Der legt dir nicht einen fertigen Prospekt vor, wo schon alles drin steht. Wenn du Gottes Willen für dein Leben erkennen willst, musst du ihm erst dein Leben übergeben. Die Übergabe deines Willens ist die Voraussetzung. Wenn du sagst: »Erst will ich mal sehn, welchen

Plan Gott für mich hat, und dann entscheide ich mich, ob ich ihn annehme oder ablehne«, wirst du diesen Plan nie erfahren. Nur, wenn du bereit bist, Gottes Willen zu tun, wirst du seinen Willen erkennen und seinen Segen empfangen. Der Glaube beginnt mit dem Gehorsam. Wenn du dem Herrn gehorchst, wirst du Herrliches erleben.
Der Abraham hat das erlebt. Er hat erlebt, dass keiner, der mit Gott geht, auf der Strecke bleibt. Er hat erlebt, dass Gott sein Versprechen hält, und er wird es auch dir gegenüber halten, kannste dich drauf verlassen. Und hinterher wirst du genauso wie Abraham sagen: »Das, was ich zunächst verloren habe, war nichts im Vergleich zu dem, was ich gewonnen habe.«
Die Gewinnchancen sind für uns alle gleich. Gott ruft jeden von uns. Da ist keiner zu jung, und da ist keiner zu alt. Abraham war 75, als er noch einmal – was sage ich – als er überhaupt erst mal richtig zu leben anfing. Du hast Abraham gegenüber einen großen Vorteil: Du brauchst nicht erst zu warten, bis du 75 bist. Du kannst heute schon den Weg mit Gott gehen. Du kannst – wenn du willst!

**Sei kein Rind – flieh!**

Es ist wirklich eine Frage an deinen Willen. Willst du in das verheißene Land? Willst du nach Gottes Plan leben? Willst du frei werden von deiner Angst, deiner Schuld, deiner Sünde? Es gibt ja Menschen, die wollen gar nicht frei sein. Selbst, wenn man denen den Weg zur Freiheit und zur Sündenvergebung zeigt, bleiben die stur wie ein Ochse stehen auf dem Mist, den sie in ihrem Leben gebaut haben, so wie die Büffel in dem Film »Und sie sind nur Kinder«. Habt ihr den gesehen?
Da ist eine Büffelherde, die ist in ein Gehege eingesperrt,

um von Touristen, die mal Wild-West spielen wollen, abgeknallt zu werden. Und da ist eine Gruppe von Jungs, denen diese Büffel, die für die Weite der Prärie bestimmt sind, für die Freiheit, leid tun.

Der Film zeigt nun, wie es diese Jungs fertigbringen, mit einer abenteuerlichen Anstrengung, zu der nur die Liebe fähig ist, die Büffelherde zu befreien. Aber statt dass diese dämlichen Viecher nun losrennen, stehen sie bloß blöde glotzend da – sind frei und nutzen's nicht! Da schreit einer der Jungs sie vor Verzweiflung an: »Ihr Idioten! Ihr Trottel! Los, ihr Idioten, rennt!« Aber die rühren sich nicht vom Fleck. Die rennen erst in die Freiheit, als der Junge ihnen Beine macht, aber er selber verliert dabei sein Leben.

Mensch, du bist doch kein Ochse! Du bist ein Wesen, das von Gott zur Freiheit bestimmt ist! Und es tut Gott leid, wenn er dich so sieht, eingesperrt in ein Netz von Lügen, gefangen von Vorurteilen, belastet mit Schuld, gekettet an die Sünde, auf der Abschussliste des Teufels. Mit einer übermenschlichen Anstrengung, zu der nur die Liebe fähig ist, hat Jesus es fertiggebracht, dich zu befreien. Deine Freiheit ist ihm soviel wert, dass er dafür am Kreuz sein Leben für dich gelassen hat. Seither hast du es überhaupt nicht mehr nötig, ein Sklave der Sünde zu sein und dein Leben planlos und fruchtlos zu vergammeln. Seit Jesus gesiegt hat, kann dich keine Macht der Welt, keine Sünde und keine Macht der Finsternis mehr knechten.

Wie lange willst du denn noch im Gefängnis deiner Sünde stehenbleiben? Wie lange willst du noch zögern, den Schritt in die Freiheit, in das neue Leben, zu tun? Mensch, du kannst frei sein! Worauf wartest du eigentlich noch? Jesus wartet auf dich!

# Seiten- und andere Sprünge

1.Mose 12,10-20

In der letzten Predigt habe ich gesagt: Abraham musste, als er in ein neues Land aufbrach, alles zurücklassen. Ich gebe zu: Ich habe da ein bisschen übertrieben. Denn eine ganze Menge Kleinigkeiten, z.B. seine Ehefrau, konnte er durchaus mitnehmen.
Nun sitzt er mit seiner Frau Sara in Kanaan. Er ist glücklicher Besitzer einer Neubauwohnung und freut sich seines Lebens. Wenn Frau Sara nicht gerade in ihrer Kochnische hantiert – die haben ja vor 4000 Jahren schon ganz modern gebaut, geräumige Einraumwohnung mit Koch-, Ess-, Arbeits-, Wasch- und Schlafnische – da sitzt sie gemütlich in ihrer kulturvoll eingerichteten Sitzecke wie ein Model der Zeitschrift »Kultur im Heim«. Es ist ein Bild des Friedens: Abraham stopft seine Pfeife, Sara stopft seine Socken, die beiden sind glücklich und zufrieden. Sie haben auch allen Grund dazu.
Abraham war nicht enttäuscht worden, als er Gott vertraute und nach Kanaan zog. Was er in seiner alten Heimat verloren hatte, hat er jetzt doppelt und dreifach wieder. Er herrscht über einen Haufen Knechte und Mägde, besitzt ein paar tausend Stück Vieh, bewirtschaftet ein wunderschönes Stück Land, er ist reich. Die Erfahrungen, die er mit Gott gemacht hat, sind so herrlich, dass er allen Leuten davon erzählen kann: »Leute, seht mal, was Gott aus mir gemacht hat.« Abraham wird zum wandelnden Gottesbeweis. Alles läuft wie geschmiert. Da kommt der große Hammer.

## Kassler-Braten, keine Knäcke-Brote

Abraham gerät in eine Klemme. Er verliert die Nerven, und nach dem Motto »Hilf dir selbst, dann hilft dir Gott« fängt er plötzlich an, eigene Wege zu gehen. Sowas geht nie gut.

Es beginnt damit, dass in Kanaan eine Hungersnot ausbricht. Vollgefressen, wie ihr seid, könnt ihr überhaupt nicht ermessen, was das heißt. Wisst ihr, was Hunger ist? Ich sage euch: Ihr wisst es nicht, und da könnt ihr froh sein. Hunger gehört zu den schlimmsten Qualen, die es gibt. Wenn du Hunger hast, ist dir alles egal. Da wirst du zum eiskalten Egoisten, zum Dieb, zum Verbrecher, da pfeifst du auf die Moral, wie es bei Bert Brecht heißt: »Erst kommt das Fressen, dann kommt die Moral.«

Ich habe noch die Zeiten erlebt, als ein paar ganz gemeine Eicheln, auf der Herdplatte geröstet und mit Salz bestreut, eine Delikatesse waren. Heute, wo im wahrsten Sinne des Wortes kein Schwein mehr sowas frisst, verstehen wir unter einer Delikatesse ein bisschen was anderes.

Wenn man die Straße der Nationen lang geht, da sieht man an manchen Tagen, wie sie alle delikat ihre Karstadt-Tüten schwenken. Das ist das Zeichen, wenn du noch was Brauchbares erwischen willst, musst du aber sausen, rin ins Vergnügen, wo auf der Höhe der Verkaufskultur die großen Ramschkisten auf dem Fußboden stehen. Da muss man dann eben sehen, wie man an die Basis kommt. Ungefähr so wie im Sommer im Freibad – Augen zu, Arme vor und dann einfach reinfallen lassen. Da werden Hausfrauen zu Hyänen, da wird nach allem gegrapscht, als ob es das Letzte wäre.

Wenn sich satte Wohlstandsbürger wegen ein paar läppischen Klamotten wie die Verhungernden gebärden, dann

könnt ihr euch vielleicht vorstellen, was los ist, wenn Menschen wirklich Hunger haben.
Abraham hatte Hunger. Und nicht nur er, sondern auch seine Knechte, seine Mägde, seine riesigen Herden. Für die alle war er verantwortlich. Da musste irgendwas geschehen. Ich denke mir, dass Abraham in seiner Not zu Gott gebetet hat: »Herr, bitte gib Regen, damit hier was wächst und wir nicht alle verhungern." Aber es kam kein Tropfen.
Stattdessen kam ihm das Gerücht zu Ohren: Drüben, in Ägypten, da ist keine Hungersnot. Dort gibt es Weide und Getreide in Massen. Also heißt die Losung: Auf nach Ägypten! Ab nach dem goldenen Süden! Dort geht's den Leuten gut. Dort herrscht der Wohlstand. Dort lässt sich's leben. Da setzt sich Abraham ab in Richtung Süden. Noch verlässt er das verheißene Land nicht. Noch bleibt er in Kanaan. Aber er wird erst mal Grenzbewohner, weil er sich sagt: »Wenn die Wirtschaftskrise hier zu schlimm wird, brauch ich bloß einen kleinen Schritt über die Grenze zu machen.«
Abraham wird also Randsiedler, so wie viele von euch. Äußerlich gehörst du vielleicht noch zur Kirche, aber innerlich bist du schon weit weg. Du bist noch nicht ganz vom Glauben abgefallen, aber fast. Du glaubst an ein höheres Wesen, aber eine Katze auf dem Schuppendach ist auch ein höheres Wesen, und ich muss dir sagen, dass ich hier nicht von einem höheren Wesen rede, sondern von Jesus, dem Sohn Gottes, der hier auf dieser platten Erde herumgewandert ist. Du lebst nicht mehr in unmittelbarer Nähe zu Jesus, sondern bloß noch am Rande. Kommst selten in die Kirche, liest selten sein Wort, redest kaum noch mit ihm.
Ja, mein Lieber, wenn du so außer Hörweite von Jesus lebst, kannst du auch seine Stimme nicht mehr deutlich

hören. Dann wird eines Tages die Stimme der Versuchung übermächtig, dann ist es nur noch ein kleiner Schritt über die Grenze, in die Gottesferne. Dann kippst du um, wenn du in eine Krise kommst, wie der Abraham.

## Wes‘ Brot ich ess‘, des‘ Lied ich sing

Der steht also an der Grenze und vor dem Problem: Soll ich nach Ägypten gehn oder nicht? Die Vernunft sagt: »Na klar musst du gehen. Bleibt dir ja sowieso nichts anderes übrig. Hier kommst du auf keinen grünen Zweig. Hier bist du erledigt. Hier sind deine Überlebenschancen gleich Null. Aber in Ägypten, da hast du noch eine Chance. Hier rumsitzen und auf Gott warten, ob der vielleicht ein Wunder tut, das ist ja hirnverbrannt. Und überhaupt: Schließlich bist du nicht alleine auf der Welt. Du hast die Verantwortung für deine Herden und Hausgenossen. Um der Zukunft der andern willen, die dir anvertraut sind, musst du nach Ägypten gehen, ist doch sonnenklar.« So sagt die Vernunft.
Das Gewissen sagt: »Gott hat dich hierher nach Kanaan gerufen. Von Ägypten war überhaupt nie die Rede. Hier ist dein Platz, und wenn die Situation noch so brenzlig wird – warte noch! Gott hat dir versprochen, für dich zu sorgen, also wird er für dich sorgen. Wenn du jetzt dein Vertrauen zu Gott wegwirfst und eigene Wege gehst, machst du einen Riesenfehler.« So sagt das Gewissen.
Abraham entscheidet sich für die Vernunft. Sicher hat er versucht, die Stimme seines Gewissens zu beruhigen. Er wird sich gesagt haben: »Natürlich weiß ich, dass ich hierher nach Kanaan gehöre. Der Seitensprung nach Ägypten, das ist bloß eine zeitweilige Notlösung. Sobald die Hungersnot vorbei ist, komme ich selbstverständlich wieder zurück. Natürlich weiß ich, dass das, was ich jetzt ma-

che, nicht im Sinne Gottes ist. Aber pfeif drauf. Was hilft's? Um zu überleben, muss man halt schon manchmal krumme Wege gehen.«

So oder ähnlich lauten die Argumente heute noch. »Herr Pfarrer«, so heißt es da z.B.: »Sie wissen doch, wie das so ist. Man kann nicht immer so ganz genau nach der Bibel leben, als Geschäftsmann muss man schließlich sehen, wo man bleibt.« »Das sehe ich, wo Sie bleiben«, sage ich, »Sie bleiben einfach weg.« »Aber nicht im Prinzip«, sagt der. »Ich trete ja nicht direkt aus der Kirche aus. Ich kann mir bloß im Moment nicht leisten, im Sinne der Kirche zu leben, ich in meiner Stellung, wenn Sie wissen, was ich meine. Ich muss ein bisschen kürzer treten. Wenn ich dann Rentner bin, komme ich natürlich wieder.«

Denkst du vielleicht auch so? Ja, lieber Kollege, woher weißt du denn, dass du's noch bis zur Rente schaffen wirst? Woher willst du denn wissen, wieviel Zeit du noch hast? Und selbst wenn du's bis zur Rente schaffst, woher weißt du denn, dass Gott dann noch für dich Zeit hat? Ich weiß nur, dass Gott dich gleich haben will, nicht erst, wenn du mit dem Krückstock angehumpelt kommst. »Denk an deinen Schöpfer in deiner Jugend«, steht in der Bibel (Prediger 12,1). Gott will dich heute! Also dann komm mir nicht mit solchem Gerede wie »Erst muss ich mal sehn, wie ich über die Runden komme, mit dem Rükken an die Wand komme, erst kommt mein Studium, dann meine Wohnung usw. Für Gott, an den ich in meinem Herzen selbstverständlich weiterhin glaube, bleibt immer noch Zeit.«

Na, Mahlzeit! Ich finde: Es gibt doch nichts Erbärmlicheres als einen Menschen, der um materieller Vorteile willen sein Gewissen unterdrückt, seinen Glauben verleugnet und seine Seele verkauft.

**Wird dir's zuviel? Ab ins Exil!**

So ein erbärmlicher Mensch ist Abraham gewesen. Gott hatte ihm gesagt: »Lebe nach meinem Plan, und du wirst glücklich werden.« Genauso wie Gott zu uns allen sagt: »Lebt nach meinen 10 Geboten, und ihr werdet glücklich sein.« Aber nein, wir wissen's ja auch immer besser. Wir setzen ja auch dauernd unseren Kopf durch und gehen unsere eigenen Wege, weil wir uns einbilden, mit unserer Schlauheit weiter zu kommen.
Als bei Abraham die ersten Schwierigkeiten auftauchten, fing er plötzlich an, eigene Wege zu gehen. Natürlich war diese Hungersnot eine gefährliche Situation. Das sah wirklich nicht gerade nach dem großen Glück aus, von dem vorher die Rede war. Aber wenn ein Mensch den Weg mit Gott geht, dann ist er ja damit nicht mit einem Schlage aus allen Schwierigkeiten dieser Welt raus und alle Probleme los. Gerade Anfänger im Glauben denken oft: Wenn man mit Gott geht, dann muss alles glatt gehen. Und sie begreifen nur schwer, dass auch Menschen, die an Gott glauben, ihre Probleme haben und von Schwierigkeiten nicht verschont werden.
Manchmal sind solche Schwierigkeiten eine Glaubensprüfung. Gott will sehen: »Traust du mir zu, dass ich deine Probleme lösen kann? Hast du zu mir auch dann noch Vertrauen, wenn's dir mal schlecht geht? Oder schreist du bloß Halleluja, solange bei dir alles in Butter ist?«
Vielleicht war die Hungersnot für Abraham so eine Glaubensprobe? Wenn das so war, dann hat er sie jedenfalls nicht bestanden. Abraham glaubte nicht, dass Gott ihn und seine Leute retten könnte. Er bildete sich ein, er müsste jetzt die Sache selber in die Hand nehmen. Also geht er nach Ägypten.
Und Gott lässt ihn laufen. Er hätte ihm die bittere Erfah-

rung, die er dort machen muss, sicher gern erspart. Aber Gott zwingt niemanden. Er lässt uns Menschen unsere freie Entscheidung. Deshalb ist es in den meisten Fällen völlig unangebracht, wenn die Frage gestellt wird: »Wie konnte Gott das zulassen? Wie konnte er zulassen, dass Abraham in sein Unglück rennt? Wie kann er zulassen, dass ganze Völker in ihr Unglück rennen? Wie kann er den Krieg zulassen?« usw.

In der Bibel steht: »Es ist dir gesagt, Mensch, was gut ist und was der Herr von dir fordert, nämlich Gottes Wort halten und Liebe üben und demütig sein vor deinem Gott« (Micha 6,8). Wer sich von Gott nichts sagen lassen will, den lässt Gott. Wenn du dich dafür entscheidest, deinen Lebensweg ohne Gott zu gehen, dann lässt Gott dich laufen, aber er lässt dich dann auch die Verantwortung tragen.

## Das kann den Frosch doch nicht erschüttern

Wie gesagt: Abraham geht nach Ägypten. Zunächst klappt auch alles tadellos. In Ägypten ist Futter in Massen, er kann sich den Wanst vollschlagen. Es hat sich gelohnt, das materielle Problem ist gelöst. Aber wie das so ist: Kaum hat man das eine Problem gelöst, tauchen schon wieder neue, schwerere auf. Ich habe es schon erwähnt: Abraham hatte eine Frau, und die war sehr schön. Also nicht wie in dem jiddischen Reim:

Es sprach der Kohn zum Isidor:
Hier stell ich dir die Sara vor.
Da sprach der Isidor ganz keck:
Ich bitt dich, stell sie wieder weg.

Nein, die Sara war schön, und Abraham wusste das. Der

gehörte nicht zu der Sorte von Ehemännern, die sich so an ihre Frau gewöhnt haben, dass sie die schon gar nicht mehr beachten. Am Anfang, da bringen sich die Männer noch um vor lauter Höflichkeit. Später gucken sie tatenlos zu, wie sich ihre Alte allein in ihren Mantel reinquält.
Ein junger Mann geht mit seiner Freundin spazieren. Als sie an eine Pfütze kommen, sagt er: »Vorsicht, Liebste«, und hebt sie drüber weg, damit sie sich nicht ihre Stiefelchen schmutzig macht. Zwei Jahre nach der Hochzeit sagt er nur noch: »Bass off, 'ne Pfitze.« Nach fünf Jahren: »Haste geene Oochen in Gobbe?« Nach zehn Jahren: »Das war ja klar, dass du da neinlaatschen mussdest.«
Also soweit war's mit dem Abraham noch nicht. Der wusste, dass seine Frau schön war. Die Männer unter euch wissen ja: Wo eine Frau dabei ist, da gibt's Probleme. Wenn einem alten Ehemann noch auffällt, dass seine Frau schön ist, dann ist damit zu rechnen, dass das auch noch anderen Männern auffällt. Abraham musste also damit rechnen, dass irgendeiner scharf auf seine Frau werden würde. Und er wusste auch, was ihm dann blühte: Um an seine Frau ranzukommen, würde man ihn, den Ehemann, einfach kalt machen. Kopf ab; Sand drüber, so hart waren damals die Bräuche. Was nützt es jetzt dem Abraham, dass er genug zu essen hat – jetzt hat er Angst, Angst um sein Leben. Und wenn es um das nackte Leben geht, da kann der Mensch sehr schnell zum Vieh werden. Abraham überlegt fieberhaft, wie er sich retten könnte, und er hat auch eine Idee. Er schlägt seiner Frau vor: »Sag doch einfach, du wärst meine Schwester, damit es mir gut geht um deinetwillen und ich am Leben bleibe« (1.Mose 12,13). Auch das klappt zunächst vorzüglich. Ein Ägypter – nicht irgendeiner, sondern der Pharao höchstpersönlich – verliebt sich in die schöne Ausländerin und übernimmt die Sara in seinen Harem.

Abraham fährt nicht schlecht dabei. Er wird als vermeintlicher Bruder der Sara mit Geschenken überhäuft. Er kann sich selber auf die Schulter klopfen und zu sich sagen: »Das hast du fein gemacht, Alter. Hättest du dich auf Gott verlassen, bis der sich mal mit seiner Hilfe ausmehrt und ein bisschen Regen schickt, dann wärst du schon längst in Kanaan krepiert. Aber nun sitzt du hier, dank deiner Schläue, wie die Made im Speck. Und wie du die Sache mit deiner Frau hingekriegt hast, das soll dir erst mal einer nachmachen. Old Abraham, du bist wirklich der Größte.« Genauso und nicht anders muss einer reden, der die Stimme seines Gewissens zum Schweigen bringen muss. Denn wenn Abraham ehrlich gewesen wäre, dann hätte er vor sich selber ausspucken müssen, dann hätte er zu sich sagen müssen: »Mensch, Abraham, du bist ein gewissenloser Egoist, ein ganz gemeines, niedriges Schwein.« Denn um die eigene Haut zu retten, einem andern die eigene Frau verhökern, das ist doch wirklich das Letzte, was ein Mann tun kann.

Wenn dem Abraham in Kanaan jemand vorausgesagt hätte: »Du wirst um dein Leben zu retten, deine Frau verkaufen«, da hätte der das empört abgewehrt. »Niemals«, hätte er gesagt, »ich mache vielleicht mal 'ne krumme Sache, aber zu so einer Gemeinheit wäre ich nie fähig.«

Er war dazu fähig. Und alles war das Ergebnis seiner schönen Vernunftrechnung. Ganz logisch und vernünftig hatte er sich seinen Plan ausgedacht, und mit ganz logischer Konsequenz war er, Schritt für Schritt, ohne es zu merken, immer tiefer gesunken, von einer Sünde zur anderen. Aus dem Zentrum Kanaans rückte er ab und wurde zum Randsiedler, dann zum Überläufer, zum Fremdling in Ägypten, zum Lügner, zum Ehebrecher. Das ist die Taktik des Teufels: die Politik der kleinen Schritte.

Ich habe gelesen: Wenn man einen Frosch in heißes Wasser setzt, springt der sofort wieder raus. Aber wenn man den Frosch in lauwarmes Wasser setzt und es langsam erhitzt, dann kann man den zu Tode kochen, ohne dass er rausspringt. Genauso ist es mit der Sünde. Am Anfang hast du vielleicht noch ein schlechtes Gewissen und zuckst zurück. Aber wenn du erst mal drin bist und dich bisschen dran gewöhnt hast, so mit der Zeit, da wirst du abgebrüht.

**Dein Gewissen ist gerissen**

Wenn dir heute einer sagt: »Du wirst später mal deiner Frau untreu werden«, dann wehrst du jetzt ab und sagst: »Ich? Niemals!« Dann kommt das Wochenende, an dem deine Frau nicht da ist, und du langweilst dich. Da fällt dir ein, dass du ein Plakat gesehen hast, dass drüben in der Disko eine gute Band spielt. Und du gehst alleine tanzen. Du weißt ganz genau, dass das nicht richtig von dir ist. Du weißt ganz genau, dass deine Frau damit nicht einverstanden ist. Du weißt ganz genau, dass es besser wäre, für dich und eure Ehe, wenn du zu Hause bliebest. Aber du gehst trotzdem. Du willst ja nicht fremd gehen. Du willst ja zu deiner Frau zurückkehren. Du willst ja weiter gar nichts, als bloß mal der tödlichen Langeweile dieses einen Abends entgehen. Und da gehst du eben los.
Dann siehst du ein Mädchen, das dir besonders gut gefällt, und du sprichst es an, ihr tanzt zusammen, ihr flirtet zusammen, ihr geht zusammen nach Hause, und wie es weiter geht, das weißt du ja aus dem Kino – oder weißt du es aus deinem eigenen Leben? Und ehe der Tag vorbei ist, hast du deine Ehe gebrochen, ist der sogenannte »Seitensprung« passiert.
Wenn unserem Gitarristen hier auf seiner Gitarre eine Saite springt, da ist die Harmonie flöten. Da hat's keinen

Zweck, dass er weiterspielt. Falls er aber, um die Sache zu vertuschen, noch möglichst laut spielt, hört man den Missklang umso deutlicher. Wenn du einen Seitensprung hinter dir hast, ist die Harmonie in eurem Verhältnis flöten. Aber du spielst weiter den guten Freund oder Ehemann, und es folgen die vielen Ausreden, diese entwürdigenden Lügereien. Dann musst du deine Frau belügen, deine Eltern, deine Freunde, dich selber. Schließlich ist dein ganzes Leben eine einzige Lüge.
Je länger du in deiner Sünde lebst, umso weniger merkst du, in welcher Gefahr du bist. Eines Tages bist du dann so weit, dass du überhaupt kein Gewissen mehr hast, dass du schon gar nicht mehr unterscheiden kannst, was gut und böse, was richtig und falsch ist.
Dort steht Abraham. Er hatte durch seine Gewissenlosigkeit alles erreicht, was er wollte. In materieller Hinsicht geht es ihm blendend. Aber um welchen Preis? Die Ehe gebrochen, er selber entwürdigt, denn er muss sich ja für die Geschenke des Pharao auch noch bedanken, und mit Gott ist er auch auseinander. Der herrliche Frieden, den er hatte, solange er Gott gehorchte, ist zum Teufel. Am Ende ist alles kaputt, und da heißt es dann bloß noch: »Das habe ich nicht gewollt.« Nein, gewollt hat er das bestimmt nicht, aber gemacht hat er's, er, der Abraham, und kein anderer. Niemand hat es ihm befohlen, er selber hat sich das alles ganz alleine ausgedacht und eingebrockt. Und jetzt sitzt er da – vollgefressen, aber voller Angst und sich selber zum Ekel.
Wer so tief im Schlamassel sitzt, kann sich bloß noch selber umbringen oder eben alles laufen lassen. Genau das, Selbstmord oder alles – im Alkohol – laufen lassen, das machen heute viele Jugendliche, die versuchen, ohne Gott zu leben und sich dabei immer tiefer in Schuld verwickeln, bis sie dann keinen Ausweg mehr wissen.

Aber Gott weiß einen Ausweg. Und der fängt genau bei Abraham an. Deshalb erzähle ich euch ja die ganze Geschichte. Mit Abraham fädelt Gott die Geschichte ein, die auch die Lösung für deine Probleme enthält. Denn Abraham war von Gott dazu auserwählt, der Stammvater von Jesus zu werden. Und Jesus ist derjenige, der am Kreuz für deine Sünde gestorben ist, von dem es in der Bibel heißt: »Das Blut von Jesus Christus macht uns rein von aller Sünde« (1.Johannes 1,7). Und wenn du vielleicht ähnliche Seitensprünge hinter dir hast wie der Abraham, wenn du dich selber unglücklich gemacht hast, wenn dich deine Schuld erdrückt, wenn du dich inzwischen vor dir selber ekelst, dann lass dir gesagt sein: Jesus ekelt sich nicht vor dir. Der liebt dich. Wenn du dich an den wendest, dann kannst du heute noch von deiner Schuld frei werden und ein neues Leben anfangen. Sprich noch heute mit Jesus! Wenn du nachher alleine zu Hause bist, dann mach mal die Türe deiner Bude hinter dir zu und sag ihm deine Sünden, bitte ihn um Verzeihung. Rede mit ihm, so wie du mit einem Freund am Telefon redest. Du kannst ihn nicht sehen, aber er hört dich. Oder bringst du das nicht – beten? Da brauchst du dich nicht zu wundern. Wenn du dich von Gott entfernst, verlernst du das Beten automatisch.

Das war bei Abraham auch so. In Kanaan, da hat er noch Altäre gebaut und gebetet. Von dem Tag an, wo er nach Süden ging und Randsiedler wurde, war Sendepause. Über die ganze lange Zeit in Ägypten lesen wir nur, dass er sich Gedanken machte, Pläne. Aber wir lesen von keinem einzigen Gebet. Wer in Sünde lebt, kann nicht mehr richtig beten. Erst, als er wieder in Kanaan ist, kann er wieder. Und du kannst auch wieder, wenn du heute zurückkommst aus deinem Ägypten, aus deiner Sünde. Zu-

rückkommen heißt: Vor Jesus seine Schuld aussprechen. Du kannst z.B. sagen: »Herr Jesus, ich war lange weg, aber jetzt bin ich wieder hier. Ich hab das und das getan, bitte, vergib mir.« So ungefähr kannst du's sagen, und wenn du wirklich nicht so recht weißt, wie du's machen sollst, dann kannst du nachher einen von uns ansprechen und mit ihm beten. Wir wollen dir gern dabei helfen.
Auf alle Fälle: Lass nicht alles einfach so weiterlaufen! Jesus wartet ja bloß auf dich, um dir zu helfen. Also sei kein Frosch, spring raus, wage den Sprung!
Wenn du dich vielleicht schon selber aufgegeben und die nötige Dosis Schlaftabletten zu Hause zurechtgelegt hast, dann lass dir gesagt sein: Gott hat dich nicht aufgegeben! Gott hat auch mit deinem Leben noch etwas vor. Also wirf es nicht weg, wirf lieber deine Sünden weg, und dein Leben wird neu.
Den Abraham hatte Gott auch nicht aufgegeben, obwohl der, menschlich gesehen, ein glatter Versager war. Als der Pharao rauskriegte, dass ihn Abraham belogen hatte (sowas kommt ja immer irgendwann raus), kam es zu einem hochnotpeinlichen Verhör, aber Abraham kam noch einmal mit einem blauen Auge davon: Er wurde, unter strenger militärischer Bewachung, über die Grenze abgeschoben. So geht seine Geschichte also doch noch weiter, obwohl er Gott schwer beleidigt und in seinen Plänen rumgepfuscht hatte. Denn seine Frau, die Sara, die er, um sich zu retten, verkauft hatte, die hatte Gott ja dazu ausersehen, zur Stammmutter von Jesus zu werden. Das muss man sich mal vorstellen: Der Stammbaum von Jesus beginnt mit einer Haremsdame des Pharao. Das fängt gleich schief an, später kommen in diesem Stammbaum noch Huren dazu, das ist keine gerade Linie, aber Gott schreibt auch auf krummen Linien grade. Jesus stellt sich in die Reihe der Sünder - wenn du dich hinter ihn stellst, kommt dein Leben in die

Reihe. Und wenn du in deinem Leben krumme Touren gemacht hast, du hast vielleicht Seitensprünge gemacht oder deine Gesinnung verkauft, dann brauchst du deswegen noch lange nicht die Hoffnung aufzugeben. Da haben vor dir noch ganz andere Leute ganz andere Sünden begangen – das siehst du ja an Abraham. Ihr habt euch vielleicht schon lange gewundert, dass ich in der letzten Predigt den Abraham als großen Glaubenshelden und leuchtendes Vorbild geschildert habe. Heute stellt sich heraus, was für ein gemeines Miststück dieser Mensch sein konnte. Ich finde es gut, dass die Bibel uns diese peinliche Episode aus dem Leben dieses großen Gottesmannes nicht verschweigt, dass hier nichts retuschiert oder verkleistert wird. Das stärkt mein Vertrauen zur Bibel ganz enorm.
In manchen Büchern werden die Helden immer positiv dargestellt. Die machen immer alles richtig, die liegen immer richtig, und das ist so richtig öde. Leute, die immer alles richtig machen, die können einem direkt auf den Wecker fallen. Das sind gar keine richtigen Menschen, sondern Konstruktionen, die sind unwirklich, unwahr. Denn die Wahrheit ist, dass jeder Mensch Fehler macht. Auch der größte. Deshalb gefällt mir, wie offen hier die Bibel auch über die Schwächen der Menschen spricht.
In dem berühmten Drama »Der Stellvertreter« von Rolf Hochhuth gibt es eine Szene, wo die KZ-Verbrechen geschildert werden. Über dieser Szene steht als Überschrift: »Der Mensch, das Schwein«. Ja, das ist hart. Die Wahrheit ist oft hart. Aber die harte Wahrheit ist allemal besser als verlogene Schwarz-Weiß-Malerei.
Abraham war eben auch nicht besser als irgendeiner von uns. Der war eben nicht nur Klasse, der hat in seinem Leben nicht nur Altäre, sondern auch Mist gebaut. Auch der hatte seine schwachen Stunden und hat im Dreck gelegen. Es wird bei dir nicht viel anders sein. Aber es kann bei dir anders werden.

# Heute so – morgen so

1.Mose 13ff

Ein Professor fragt in der Philosophieprüfung den Studenten: »Können Sie mir – aber bitte nur mit ganz wenigen Worten – sagen: Was ist Konsequenz?« Der Student antwortet: »*Heute* so, *morgen* so.« »Gut«, sagt der Professor. »Können Sie mir aber auch, mit genausowenig Worten, sagen: Was ist Inkonsequenz?« Antwort: »Heute *so*, morgen *so*.«
Sowas nennt man Mitläuferphilosophie. Ein Mitläufer ist ein Mensch, der bei irgendeiner Sache mitmacht, ohne von dieser Sache überzeugt zu sein. Er macht nur mit, solange er Vorteile hat. Wenn er sich woanders mehr Vorteile verspricht, ändert er sofort seine Gesinnung. Also etwa: Vor 1945 rin in die Kirche, nach 45 raus aus der Kirche, ab 90 wieder rin in die Kirche, ab 95 wegen der Kirchensteuern wieder raus. Bald wird er ja nun beerdigt, vielleicht tritt er vorher schnell wieder ein, damit wir eine schöne christliche Leiche kriegen. Gott schütze uns alle vor solchen Opportunisten.

**Lot ist (k)ein Idiot**

Opportunisten gibt es überall in Massen, und deshalb ist das Lied »Sag mir, wo du stehst und welchen Weg du gehst«, nicht nur ein gutes Lied, sondern vor allem eins, das wir auch in der Kirche singen müssten:

Wir haben ein Recht darauf, dich zu erkennen,
auch nickende Masken nützen uns nicht.
Ich will beim richtigen Namen dich nennen,
und darum zeig mir dein wahres Gesicht.

Ich will euch heute von dem ersten Opportunisten und Mitläufer erzählen, den die Bibel erwähnt. Dieser Mann hieß Lot und war ein Neffe von Abraham. Ich weiß nicht, warum der sich an den Abraham angehängt hatte, als der in ein unbekanntes Land aufbrach. Vielleicht war das weiter nichts als Abenteuerlust: mal was Neues erleben, Hauptsache – weg von zu Hause, wie das eben bei Jugendlichen so ist. Jedenfalls: Lot war mit Abraham mitgezogen. Inzwischen sind die nun in Kanaan, auch der Trip nach Ägypten, von dem ich erzählte, ist längst vorbei. Abraham hat Gottes Vergebung erfahren, zwischen ihm und Gott ist alles wieder gut.
Nun ist Abrahams Besitz wieder gewachsen, seine Herden sind gewachsen, sein Neffe ist gewachsen. Aus dem Knirps, der im kurzen Hemde ums Zelt huppte, ist ein junger Kerl geworden, der sein eigenes Leben führt – eignes Zelt, eigne Knechte, große Herden, große Klappe. Und wie das so ist – eines Tages langt der Platz nicht mehr. Den beiden wird die Welt zu eng. Es kommt zu Reibereien zwischen den Knechten vom Lot und den Knechten von Abraham, die keilen sich um die besten Weideplätze, jeden Tag gibt's einen neuen Zusammenstoß, Konkurrenzkampf, Neid, Boshaftigkeit, Nervereien. Alles bloß, weil man sich zu dicht auf der Pelle hockt. So geht's ja in vielen Familien los:
Man bekommt eine Wohnung. Erst kommen die Möbel, dann kommen die Kinder, dann die Schwiegerkinder, dann die Enkel, dann kommt der Familienkrach, weil aus dem trauten Heim die Hölle geworden ist. Jeder eckt dau-

ernd irgendwo an und kommt irgendwem in die Quere. Früh sitzt einer zu lange auf dem Klo, abends, wenn man vor dem Fernseher sitzt, will der eine das, der andere das sehen, jeder ist gereizt, jeder ist im Recht, jeder sieht ein: So kann es einfach nicht weiter gehen. Also: Es muss etwas geschehen. Aber was?

**Lieber ausloten als ausbooten**

Ich sage: Auf alle Fälle – verhandeln. Miteinander reden. Familienkrach ist noch keine Schande, und Meinungsverschiedenheiten gibt es bei allen Menschen, sogar bei solchen, die sich lieben. Ich habe noch kein einziges Liebespaar kennengelernt, das nicht auch mal Krach gehabt hätte. Manche müssen sich direkt zusammenkrachen, bis sie wirklich zusammenpassen. Ich habe aber massenhaft Liebespaare kennengelernt, die gleich auseinanderlaufen, sobald es Schwierigkeiten gibt.
Wenn du es vor der Ehe nicht fertigbringst, trotz Meinungsverschiedenheiten bei dem Andern auszuhalten und erst mal alles zu versuchen, um klarzukommen, wenn du schon vor der Ehe bei jeder Schwierigkeit abhaust, dann wirst du auch in der Ehe nicht genug Durchhaltevermögen haben. Und das brauchst du. In jeder Ehe tauchen Schwierigkeiten auf. Wer dann immer gleich mit dem Gedanken an Scheidung spielt oder sich gleich scheiden lässt, macht sich die Sache zu einfach und tausende Kinder haben unter den Folgen zu leiden. Das ist nicht nur unverantwortlich, das ist auch unnormal. Normal ist, dass es überall mal Krach gibt.
Nehmen wir an, du hast eine Meinungsverschiedenheit mit deiner Freundin. Na, suchst du dir eben 'ne neue. Ja, denkst du vielleicht, mit der nächsten hast du keine Meinungsverschiedenheiten? Wenn dir bei der ersten nicht

gepasst hat, dass sie so ruhig war, passt dir bei der zweiten vielleicht nicht, dass sie so lebhaft ist. Irgendeine Macke hat schließlich jeder. Egal, mit wem du zusammenlebst, du wirst dich immer mit etwas abfinden müssen, was dir nicht gefällt. Statt von vornherein zu kapitulieren, solltest du erst mal probieren, mit der Schwierigkeit fertig zu werden. Nicht immer gleich sagen: »Ich kann nicht.«

Allerdings muss ich zugeben: Es gibt Menschen, mit denen kann man tatsächlich nicht diskutieren. Mit manchen Leuten ist jede Unterhaltung sinnlos. Mit manchen kann man einfach nicht zusammenleben, und in so einem Falle bleibt dann nur eins übrig: die Trennung.

So war das bei Abraham und Lot. Abraham hat alles versucht, um die Sache mit Lot wieder ins Lot zu bringen, aber es war nichts zu machen. Da macht Abraham einen Vorschlag, und ich bitte zu beachten, dass er damit erst rausrückt, nachdem alle anderen Einigungsbemühungen fehlgeschlagen sind. Er sagt: »Lass doch keinen Streit sein zwischen mir und dir und zwischen meinen und deinen Hirten; denn wir sind doch Brüder. Steht dir nicht alles Land offen? Trenne dich von mir! Willst du nach links, so will ich nach rechts, oder willst du nach rechts, dann will ich nach links« (1.Mose 13,8).

## Leben und leben lassen

An diesem Vorschlag finde ich dreierlei gut.

Erstens ist gut, dass Abraham den Vorschlag überhaupt macht. Es hat ja keinen Zweck, sich was vorzumachen, sondern wenn es wirklich nicht mehr geht, sollte man nüchtern genug sein, auseinanderzugehen. Ich rede jetzt nicht von der Ehe und der Ehescheidung, da liegen die Dinge ganz anders, das Problem lassen wir jetzt mal aus.

Dass mir ja keiner hinterher ankommt und behauptet, ich hätte zur Ehescheidung geraten. Kein Gedanke!
Aber wo steht denn geschrieben, dass Menschen, die nicht zusammenpassen, um jeden Preis zusammenbleiben müssen? In der Bibel steht das jedenfalls nicht. Die Devise »Einheit um jeden Preis« führt bloß zu Krampf und Heuchelei. Gott hat die Menschen nun mal verschieden gemacht. Und was Gott durch verschiedenen Charakter, Geschmack, Lebensweise usw. geschieden hat, das soll der Mensch nicht zusammenfügen.
Ich habe z.B. einen Bruder, der ist aus der Kirche ausgetreten. Zwischen uns gibt es keine ideologische Koexistenz, uns trennen Welten. Aber deswegen sind wir doch lange nicht miteinander verfeindet. Schließlich sind wir doch Brüder.
Und das ist das Zweite, was mir an Abrahams Vorschlag so gut gefällt. Der kündigt dem andern nicht, weil der anders ist, die Bruderschaft auf, sondern er sagt im Gegenteil: »Jetzt bleibt's gerade dabei. Wir sind doch Brüder. Wie die Sache zwischen uns beiden steht, können wir uns nicht vor lauter Liebe um den Hals fallen. Aber wenn wir uns trennen, können wir uns wenigstens nicht mehr auf die Nerven fallen. Und die Trennung ist ja kein Grund, dass wir über uns herfallen. Sondern wir wollen friedlich-schiedlich nebeneinander leben, ohne uns zu bekämpfen.«
Wir sind doch Brüder – das gilt auch für unser Volk. Das gilt erst recht für Araber und Israelis, die beide von dem gleichen Vater abstammen, nämlich von Abraham. Wir erkennen heute immer mehr, dass wir, um im Frieden leben zu können, nach der Devise Abrahams leben müssen: »Wir sind doch Brüder«. Dieser Satz ist kein Wandspruch für Pastorenstuben, sondern eine politische Notwendigkeit. Ohne diesen Geist der Brüderlichkeit wird unsere Welt nicht zur Ruhe kommen.

Schließlich das Dritte, was mir an Abrahams Vorschlag gefällt: Er pocht nicht auf sein Recht. Er hätte ja sagen können: »Gott hat mir das Land gegeben, ich bin der Ältere, also werde ich jetzt bestimmen, wie das Land geteilt wird.« Aber das sagt er eben nicht. Denn er will unter allen Umständen den Frieden. Er weiß, dass er dafür vielleicht teuer bezahlen muss. Er weiß aber auch, dass der Unfriede noch schlimmer ist. Und er weiß vor allem, dass Gott auf seiner Seite ist.
Jeder Mensch, der ernsthaft den Frieden will, kann das wissen. Wenn du zu Hause Krach hast und du derjenige bei euch bist, der ehrlich den Frieden will, dann kannst du überzeugt sein, dass Gott mit dir ist. Dann kannst du sogar auf dein gutes Recht verzichten, ohne Angst zu haben, dass du dabei den Dummen machst.

**Lot liebt Lotto**

Für Abraham sah es zunächst auch so aus, als ob er der Dumme wäre. Denn als er Lot das ganze, weite Land zeigt – auf der einen Seite steinige Berge, auf der anderen die blühende Jordanebene mit den beiden flotten Städtchen Sodom und Gomorra –, da entscheidet sich Lot natürlich für die Jordangegend. Für Abraham bleiben ein paar ausgedörrte Hügel übrig, und Lot kann über seinen frommen Onkel, der offenbar zu dämlich ist, seine berechtigten Ansprüche durchzusetzen, nur feixen.
Man kann dem Lot ja auch bescheinigen: Vom rein wirtschaftlichen Standpunkt aus hat er eine vorzügliche Wahl getroffen. Aber man sollte Lebensentscheidungen nicht bloß unter wirtschaftlichen Gesichtspunkten fällen. Das Glück deines Lebens hängt nicht ab von dem Posten, auf dem du sitzt oder nach dem du so eifrig strebst, sondern von dem Segen, der von Gott kommt. Das hatte Lot über-

sehen. Als der typische Mitläufer hatte er von dem Segen, den Gott auf Abraham gelegt hatte, genassauert, solange er konnte. Als er woanders mehr Vorteile sieht, da pfeift er auf den lieben Gott und haut ab ins Lager der Gegner. Der Erfolg gibt ihm Recht. Lot kommt wirtschaftlich ganz groß raus. Bis ein paar Jahre später der Abraham wieder an der gleichen Stelle steht, wo er sich von Lot getrennt hatte.

Wieder sieht er über das ganze, weite Land, aber dort, wo früher Sodom und Gomorra lagen, sieht er eine riesige Rauchwolke aufsteigen, unter der die beiden Städte in Schutt und Asche versinken. Was war passiert?

Die Gegend um Sodom war zwar schön, aber die Menschen dort waren schlecht, sexuell hemmungslos, brutal, gewalttätig, gottlos, und Gott ließ sie wegen ihrer Sünde in einer schrecklichen Katastrophe untergehen. Nur der Fürbitte Abrahams hatten es Lot und seine Frau zu verdanken, dass sie gerettet wurden. Aber weil sie alle beide Menschen mit nur halbem Glauben waren, hat ihnen das auch nichts genützt. Lot war gerettet, aber er versank danach wieder in ein gottloses, heidnisches Leben. Und seine Frau war auch schon gerettet, aber sie starb trotzdem, weil sie Gott nicht ganz gehorsam war.

Gott hatte die beiden durch seine Boten gewarnt. Er hatte ihnen sagen lassen: »Über diese Stadt kommt ein Strafgericht. Haut ab, lasst alles stehen und liegen, lauft, rennt um euer Leben, aber seht euch nicht um!« Lots Frau sah sich um nach ihrem Häuschen mit den schönen Teppichen, den vielen Gläsern mit Eingemachtem. Sie hing noch zu sehr an ihrem alten Leben, und deshalb konnte sie das neue Leben nicht bekommen. Lots Frau sah sich um, und sie starb auf der Stelle. Jesus sagt: »Wer die Hand an das Lenkrad legt und sieht zurück, der ist untauglich für das Reich Gottes.«

## Benutz das Rückgrat – nicht den Rückspiegel

Wenn Gott dich ruft – und er ruft dich ja jetzt in diesem Augenblick – und du ihm folgen willst, dann musst du wissen: Du musst dich von manchen Dingen radikal trennen. Mit manchen Dingen und Menschen musst du ohne Rücksicht auf Verluste Schluss machen.

Du brauchst als Christ nicht aus der Welt zu fliehen. Aber du musst dich als Christ von manchen Dingen dieser Welt distanzieren. Dazu gehört heute z.B. die Jagd nach dem eigenen Vorteil, der Hass gegen Andersdenkende, der Krieg. Da kannst du als Christ einfach nicht mitmachen. Oder wenn es heute auf sexuellem Gebiet zugeht wie in Sodom und Gomorra, wenn es heute üblich ist, dass jeder mit jeder schläft, wenn das deine ganze Klasse macht – dann kannst du als Christ da eben nicht mitmachen. Da darfst du eben auf solche Parties, wo du von vornherein weißt, dass Gruppensex und Saufen dran ist, gar nicht erst hingehen. Da musst du dich raushalten, auch wenn dich deine Kumpels deswegen für dämlich halten.

Wenn du dich bereits bekehrt hast und dich zu den Geretteten zählst, aber immer noch mit den falschen Freunden verkehrst, immer noch an den falschen Lebensgewohnheiten festhältst, dann nützt dir deine Bekehrung einen alten Dreck. Wenn du ein Rückversicherer bist, wenn du zurücksiehst wie Lots Frau – Was machen die anderen? Was sagen die über mich? – dann bist du erledigt. Dann bist du schon ausgeflippt aus Gottes Reich, bist schon gerichtet, noch bevor Christus zum Gericht kommt.

Es kommt ja für uns alle das Gericht, es kommt das Weltende, und in dieser Katastrophe, für die Sodom und Gomorra nur ein kleines Vorspiel war, werden alle umkommen, die nicht mit Jesus gelebt haben.

**Das Gericht ist kein Gerücht**

Ich weiß, dass heute viele höhnisch lächeln, wenn die Bibel von Gericht und Weltende spricht. Das war schon zu Lots Zeiten so. Als den Bürgern von Sodom durch Gottes Boten gesagt wurde: »Gott kommt mit einem Strafgericht über die Stadt, rettet euch!«, da haben die Bürger von Sodom, so steht hier in der Bibel, da haben die das »einfach lächerlich gefunden« (1.Mose 12,15). Viele bezeichnen heute die Rede vom Weltende als lächerlich, als unwissenschaftliches Palaver. Dabei sind es heute ausgerechnet die Wissenschaftler, die vom Weltende reden, manchmal eindrücklicher und alarmierender als die Bibel selber.
Es gibt Wissenschaftler, die sagen: »Unsere Erde ist bereits völlig verseucht. Es gibt nur noch eine Chance zum Überleben: wenn die Menschheit sofort aufhört mit Raubbau, Umweltverschmutzung und Krieg.« Aber es sieht nicht so aus, als ob die Menschheit vernünftig würde. Ich will euch bloß mal paar Zahlen nennen: Im Krieg 1870/71 gab es 54.000 Gefallene. Im 1. Weltkrieg gab es 2.050.000 Gefallene, im 2. Weltkrieg 3.250.000 Gefallene und 3.350.000 Ziviltote. Das sind nur die Zahlen von Deutschland, dazu kommen noch die anderen Völker, die Millionen verloren haben. Und wir dürfen nicht vergessen, dass es seit dem 2. Weltkrieg über hundert Kriege gegeben hat, in denen in 60 Ländern mehr als 10 Millionen Menschen getötet wurden. Das ist die traurige Bilanz der Generation des 20. Jahrhunderts.
Nein, es sieht leider nicht so aus, als ob der Mensch etwas aus der Geschichte lernen würde, als ob die Menschheit endlich vernünftig werden würde. Deshalb verstehe ich, dass es Wissenschaftler gibt, die das Weltende für die allernächste Zeit prophezeien. Es gibt sogar welche, die sagen: »Unsere Generation wird die letzte sein auf dem Planeten Erde.«

Ich kann das nicht nachprüfen, wieviel Zeit wir noch haben. Aber ich habe kapiert, dass wir uns mit rasender Geschwindigkeit einer unvorstellbaren Katastrophe nähern – schon allein, was den Hunger in der Welt betrifft. Dass jährlich etwa 50 Millionen am Hunger sterben, während ein kleiner Teil der Weltbevölkerung Fettlebe macht, das kann auf die Dauer nicht gut gehen.

Wer das nicht sieht, ist einfach nicht über die nackten Tatsachen informiert. Wer das verharmlost, ist sträflich naiv. Wer nichts dagegen tut, ist ein asoziales Element. Ich kann nicht sagen, wann das Weltende kommt. Das kann keiner. Ich weiß nur: Das Ende kommt, und es kommt das Gericht. Da wirst du dabei sein. Du wirst noch einmal vor Gott stehen. Und es gibt nur einen einzigen, der dich aus dem Gericht retten kann – das ist Jesus Christus, der Sohn Gottes. Über den ist schon am Kreuz von Golgatha das Strafgericht niedergegangen, das dich eigentlich treffen müsste. Wenn du dich an den klammerst, dann kann dich das Gericht nicht mehr treffen. Und ich weiß, dass Jesus dich nicht verlieren möchte. Deshalb sage ich dir: Komm zu Jesus, und gib dich ihm ganz!

Jesus sagt zu seinen Gegnern: »Dem Lande der Sodomer und Gomorrer wird es erträglicher gehen am Tage des Gerichts als euch« (Matthäus 10,15).

Zu seinen Nachfolgern sagt er: »Wer mein Wort hört und glaubt dem, der mich gesandt hat, der hat das ewige Leben und kommt nicht in das Gericht, sondern er ist vom Tode zum Leben hindurchgedrungen« (Johannes 5,24).

Und zu allen Mitläufern und halben Christen sagt er: »Ich kenne euer Tun. Ich weiß, dass ihr weder warm noch kalt seid. Wenn ihr wenigstens eins von beiden wärt! Aber ihr seid weder warm noch kalt; ihr seid lauwarm. Darum werde ich euch aus meinem Munde ausspucken« (Offenbarung 3,15).

Mitläufer sind eklig. Gegner sind bedauernswert. Nachfolger sind beneidenswert, denn sie sind besser dran.

Wir sind frei, auch im Gericht.
Etwas Bess'res gibt es nicht.

# Vom Streik der Hebammen

2.Mose 1–2,10

Vor einem Jahr bin ich öffentlich aufgefordert worden, zum nächsten Muttertag mal über eine Frau zu predigen. Euer Wunsch ist mir Befehl. Allerdings rede ich nicht nur über eine Frau, sondern über mehrere, und außerdem lässt sich nicht ganz vermeiden, dass auch Männer erwähnt werden. Aber daran müssen sich die Vertreter der Frauenbewegung und der Quotenregelung gewöhnen, dass es auch noch so was wie Männer gibt. Auch wenn es sich im Einzelfall um unangenehme Exemplare handelt. Mit so einem miesen Vertreter der Macht und des männlichen Geschlechts fange ich an, und zwar ist das der Pharao.

## Die verkannten Asylanten

Der Pharao, das war der König von Ägypten. Und in Ägypten nannte man den König eben nicht König, sondern Pharao. Aber ob nun Pharao oder König, am Schluss ist es mit diesen hohen Herrschaften jedesmal dasselbe – eines Tages sterben die. Und dann kommt ein neuer. Dann bricht jedesmal eine ganz neue Zeit an.
Vor 4000 Jahren kam in Ägypten wieder mal ein neuer: Ramses II., genannt der Große, stieg auf den Thron. Wie der nun von da oben runter sein Volk übersah, fiel ihm etwas auf, und zwar auf den Wecker. Da waren welche in seinem Volk, die waren gar nicht aus seinem Volk, gar keine richtigen Volksgenossen. Beim Palast gleich links

um die Ecke, wo der Ortsteil Gosen anfängt, wohnten die. Hatten ein anderes Aussehen, eine andere Sprache, andere Sitten. Mit einem Wort: Fremde, Ausländer. Das sah man denen schon an der Nasenspitze an. Die hatten alle so eine gebogene Nase.

Und das passte Herrn Ramses nicht. Weiß auch nicht, warum. »Was wolln die denn eigentlich hier? Wo kommen die überhaupt her?« Das waren die Nachkommen von Joseph und seinen Brüdern. Joseph war aus Kanaan gekommen, hatte dann als Wirtschaftsminister Ägypten vor der Hungersnot gerettet, war die rechte Hand vom Pharao geworden und durfte als Belohnung seine Familie nach Ägypten kommen lassen.

Und damals waren seine elf Brüder und deren Frauen und die ganze Mischpoche angereist, so ungefähr 70 Mann. Fleißige Leute waren das. Die hatten ihren Besitz und sich selber fleißig vermehrt, waren angeschwollen zu einem ganzen Volk, dem Volk Israel. Der Pharao aber, so heißt es hier in der Bibel (2.Mose 1,8), »wusste nichts von Joseph«. Er hatte keine Ahnung von den Verdiensten dieses Mannes, keine Ahnung, was sein Volk dem Volk Israel verdankte. Er sah nur, dass die immer zahlreicher wurden, und das wurde ihm zuviel.

»Und er sprach zu seinem Volk: Siehe, das Volk Israel ist mehr und stärker als wir. Wohlan, wir wollen sie mit List niederhalten, dass sie nicht noch mehr werden« (2.Mose 1,9). Zum ersten Mal in der Geschichte wird hier das Volk Israel als Fremdkörper empfunden.

Zum ersten Mal taucht der unbegründete Hass gegen dieses Volk auf. Zum ersten Mal wird der Versuch gemacht, dieses Volk zu unterdrücken.

**Selbsttor, Herr Diktator!**

»Und man setzte Fronvögte über sie, die sie mit Zwangsarbeit bedrücken sollten« (2.Mose 1,11). Das erste Konzentrationslager ist eröffnet. Es beginnt der 4000 Jahre lange Marsch des jüdischen Volkes nach Auschwitz. Aber auch nach Auschwitz und Buchenwald ist dieses Volk immer noch da. Auch heute noch. Trotz allem. Wenn ich hier von dem Volk Israel rede, dann meine ich nicht bloß den Teil des Volkes, der den Staat Israel gegründet hat, sondern ich meine das jüdische Volk als Ganzes. Die Geschichte und Existenz der Juden ist die größte Attraktion der Weltgeschichte. Israel lebt!

Pharao, der es schon im Keim ersticken wollte, ist tot. Liegt jetzt als keimfreie Mumie im Museum von Kairo. Dort ist Herr Ramses für etwas Eintrittsgeld von jedermann zu beäugen. Das ist nichts weiter als eine billige Attraktion für Touristen. Es ist ganz einfach eine verschrumpelte Mumie, der dürre Beweis für die geschichtliche Tatsache: Wer sich an Israel vergreift, ist museumsreif. Ramses ist also der Erste, der den Versuch macht, mit der ganzen Macht des Staates das kleine, wehrlose Israel zu unterdrücken. Er steckt das Volk zunächst in Zwangsarbeitslager. Er hofft, dass es sich durch die barbarische Knochenarbeit selber kaputtmacht. Aber er muss die Erfahrung machen: Je mehr man dieses Volk unterdrückt, desto mehr wächst es. Die Verfolgung macht es nicht schwächer, sondern stärker. Bisher war den Ägyptern das Volk Israel fremd, jetzt wird es ihnen unheimlich. »Aber je mehr sie das Volk bedrückten, desto stärker mehrte es sich und breitete sich aus. Und es kam sie ein Grauen an vor Israel« (2.Mose 1,12). Ramses begreift nicht, mit wem er es hier zu tun hat.

Israel ist doch nicht irgendein Volk. Es ist das einzigartig-

ste Volk dieser Erde, das auserwählte Volk Gottes, das Gott hütet wie seinen Augapfel: Denn so spricht der Herr: »Wer euch antastet, der tastet meinen Augapfel an« (Sacharja 2,12). Deshalb geht der Kampf gegen die Juden immer ins Auge. Die Letzten, die das erfahren mussten, waren die Deutschen.
In zwei Punkten sind sich Ramses und seine Nachfolger gleich: Erstens, sie erkennen nicht, dass sie nicht gegen ein x-beliebiges Volk, sondern gegen das Volk Gottes kämpfen. Zweitens, sie greifen in diesem Kampf zu den unmenschlichsten Methoden. Hitlers Verbrennungsöfen waren der absolute Gipfelpunkt des Judenmordes, der schon bei Ramses anfing.

## Kinderkrieg contra Kinderkriegen

Ramses entdeckt, dass er die lebende Generation nicht ausschalten kann. Da sagt er sich: »Dann muss ich diesem Volk eben den Nachwuchs abschneiden.« In den nächsten Tagen erhalten die beiden Hebammen Israels eine Vorladung zum Pharao, »zwecks Klärung eines Sachverhalts«. Seine Majestät persönlich sagt ihnen: »Wenn ihr bei der Geburt seht, dass es ein Sohn ist, dann tötet ihn« (2.Mose 1,16). Das ist ein Befehl. Ein Befehl zum Mord. Ab sofort haben die Hebammen, die Hüterinnen des Lebens, die Rolle des Henkers zu übernehmen.
»Aber die Hebammen fürchteten Gott und machten nicht, was der König von Ägypten ihnen gesagt hatte, sondern ließen die Kinder leben« (2.Mose 1,17).
Wer Gott fürchtet, verliert die Furcht vor den Menschen. Der bekommt den Mut, bei Schweinereien nicht mitzumachen, Ungerechtigkeiten zu bekämpfen, dem Unrecht zu widerstehen.
Das erste der Zehn Gebote heißt: »Ich bin der Herr, dein

Gott, du sollst keine anderen Götter haben neben mir.« Und die Erklärung Luthers dazu heißt: »Wir sollen Gott über alle Dinge fürchten, lieben und vertrauen.«
Gottesfurcht, Gehorsam, das ist der erste Schritt des Glaubens. Glaube ist ein Gehorsam, der mit Gott rechnet, auch wenn das wie heller Wahnsinn aussieht.
Im Fall der Hebammen konnte Befehlsverweigerung gegenüber der staatlichen Mordpolitik Selbstmord bedeuten, zumindest Berufsverbot. Die Hebammen müssen damit rechnen, dass sie fristlos aus dem Gesundheitswesen entlassen und in eine Brigade der Ziegelei gesteckt werden, wenn sie überhaupt mit dem Leben davonkommen. Sicher haben die Hebammen solche Strafmaßnahmen befürchtet. Aber was sie noch mehr fürchteten, war Gott. Und deshalb konnten sie sich an der Tötung neugeborener Kinder nicht beteiligen.
Gäbe es in unserer Welt mehr gottesfürchtige Menschen, gottesfürchtige Frauen, Frauenärzte, Krankenschwestern, dann würden nicht so viele ungeborene Kinder durch Abtreibung getötet – schätzungsweise ca. 300.000 jährlich in Deutschland.
Seit dem Krieg hat das deutsche Volk zehn Millionen deutsche Kinder umgebracht, das ist mehr, als die Nazis Juden umgebracht haben. Und das Wahnsinnige ist, dass dieser Massenmord nicht von einem blutgierigen Diktator gemacht wird, sondern von wohlstandsgierigen Frauen, die, um nur ja nicht Mutter werden zu müssen, lieber zur Mörderin werden.
Wenn Mütter töten, stirbt die Welt. Und wenn die Menschen, die von Berufs wegen zur Erhaltung des Lebens da sind, sich am Geschäft der Tötung des Lebens beteiligen, zumal wenn die Opfer unschuldige Kinder sind, dann ist eines Tages keiner mehr seines Lebens sicher.
Wo die Gottesfurcht aufhört, hört die Ehrfurcht vor dem

Leben auf. Für die beiden Hebammen war klar: Weil sie Gott fürchteten (1. Gebot), konnten sie nicht töten, denn Gott, der Schöpfer des Lebens, verbietet das Töten (5. Gebot).
In diesem wie in den meisten Fällen sind keine spitzfindigen Diskussionen nötig, ob und unter welchen Umständen es vielleicht doch erlaubt sein könnte, ein Kind umzubringen. Gottes Wille ist in diesem Falle klar und eindeutig. Und der einfache Gehorsam ist die beste Art, mit den komplizierten Problemen des Lebens zurechtzukommen. Die beiden einfachen Frauen machen das Unrecht einfach nicht mit, einfach, weil sie an Gott glauben.
Glaube an Gott ist eben keine innere Angelegenheit der Seele, keine Privatsache, sondern das ist eine Sache mit Öffentlichkeitscharakter und realen Folgen.

**No, Mister Pharao**

Glaube hat Konsequenzen, persönliche und gesellschaftliche. Jedenfalls hat Glaube es immer mit Taten zu tun. Deshalb lernt man nur dann, was Glauben ist, wenn man Gott gehorcht und Gottes Willen tut. Wenn man das macht, wird man mit den Menschen oft in ziemliche Schwierigkeiten kommen.
Vertrauen wir darauf, dass Gott mit allen Schwierigkeiten, die aus dem Gehorsam entstehen, fertig werden wird. Vertrauen wir darauf, dass Gott uns nicht hängen lässt. Vertrauen wir darauf, dass Gott den, der seinen Willen tut, segnet. Das ist Glaube.
Glaube hat es also unter allen Umständen mit der Tat zu tun. Vielleicht ist es nötig, dass du etwas Bestimmtes tust. Vielleicht ist es auch nötig, dass du etwas Bestimmtes nicht tust.
Die Hebammen jedenfalls tun das, was Pharao befohlen

hatte, nicht. Sie leisten passiven Widerstand. »Sie taten nicht, wie der König von Ägypten ihnen gesagt hatte, sondern ließen die Kinder leben« (2.Mose 1,17). Es dauerte nicht lange, da erhalten die beiden eine zweite Vorladung »zwecks Klärung einer Angelegenheit«. Jetzt kriegen es die beiden Frauen, so nehme ich an, doch mit der Angst zu tun. Da greifen sie zu einer Ausrede. Sie sagen: »Ehe die Hebamme zu den hebräischen Frauen kommt, haben sie schon geboren« (2.Mose 1,19).

Sicher ist das manchmal vorgekommen, dass das Kind eher da war als die Hebamme, aber sicher war das die Ausnahme. Fakt ist jedenfalls: Der Befehl, die Jungs zu töten, wurde nicht ausgeführt. Eine staatliche Anordnung wurde nicht befolgt. Eine Bestrafung war zu erwarten. Die beiden Frauen waren mit vollem Bewusstsein ins offene Messer gerannt.

Ihre Freunde hatten sie vorher mit der Stimme der Vernunft gewarnt: »Das geht schief! Ihr könnt als Einzelne sowieso nichts machen. Einem staatlichen Gesetz muss man gehorchen. Befehl ist Befehl. Ihr als kleine Bürger habt das nicht zu beurteilen. Die Verantwortung trägt der Staat. Und wenn ihr euch mit dem Staat anlegt, zieht ihr auf jeden Fall den Kürzeren.«

So ungefähr waren die Argumente der Freunde. Und die Frauen selber rechneten inzwischen mit dem Schlimmsten. Dann erleben sie, was glaubende Menschen immer wieder erlebt haben: Es passiert gar nichts. Nichts von dem, was sie befürchtet haben, tritt ein. Kein Haar wird ihnen gekrümmt. Der Pharao lässt sie laufen, und Gott überschüttet sie samt ihren Familien mit seinem Segen:

»Weil die Hebammen Gott fürchteten, segnete er ihre Häuser« (2.Mose 1,21).

Die Kommunisten, die jetzt wegen ihrer Verbrechen angeklagt sind, berufen sich oft auf das gleiche Argument, auf

das sich die angeklagten Kriegsverbrecher der Nazizeit berufen haben: »Wir haben nur einem Befehl gehorcht. Wir wussten zwar, dass wir was Falsches machen, aber wir konnten nicht anders, wir mussten einem Befehl von oben gehorchen. Und wenn wir den Befehl verweigert hätten, hätten wir vielleicht selber sterben müssen.«
Ich habe gelesen: Es ist kein Beispiel bekannt, dass im Zweiten Weltkrieg jemand wegen Befehlsverweigerung getötet worden ist. Selbst wenn es solche Beispiele gäbe, wären sie nur die Ausnahme, die die Regel bestätigen.
Hier jedenfalls haben wir ein Beispiel, wie zwei Frauen wegen Befehlsverweigerung nicht getötet werden. Der Plan des mächtigen Pharao scheitert an zwei schwachen Frauen, weil diese Frauen an Gott glauben. Da hamses, Herr Ramses.
Als Herr Ramses merkt, dass die Hebammen sich nicht für seine Pläne missbrauchen lassen, geht er zum offenen Vernichtungskampf über. Er ordnet an: »Alle Jungs, die geboren werden, sind in den Nil zu werfen.«

## Mose in der Dose

Bis hierher hat der biblische Bericht die allgemeine Situation beleuchtet. Jetzt, ab Kapitel 2, wird der Scheinwerfer genauer eingestellt und richtet seinen Strahl auf eins von den vielen Ehepaaren, die ein Kind erwarten. Wir erfahren von diesem Ehepaar fast nichts. Aber schon die Tatsache, dass sie ein Kind erwarten, ist bedeutungsvoll. Sicher haben die sich damals die Frage gestellt: »Kann man unter diesen Umständen eigentlich noch verantworten, ein Kind in die Welt zu setzen?«
Diese Frage stellen ja heute auch sehr viele, und viele beantworten sie so wie der Peter Maffay. Der hat gesagt: »Wir haben eine Schwangerschaft bei Chris unterbrechen

lassen, um unserem Kind diese Welt zu ersparen.« Das sagt einer der bestverdienenden Schlagersänger, der in einem der reichsten Länder dieser Welt lebt. Übrigens kann man eine Schwangerschaft nicht unterbrechen, sondern nur abbrechen. Schon das Wort »Schwangerschaftsunterbrechung« ist eine Lüge.

Außerdem befindet sich Peter Maffay noch in einem großen Irrtum. Er singt ein Lied, das seine Frau geschrieben hat, und da heißt es: »Mein Kind, ich weiß, du stehst vor mir an einem fernen Tag und fragst mich: Warum habe ich dir das alles nicht erspart.« Eines Tages steht Peter Maffay und jeder andere, der ein Kind abgetrieben hat, vor dem Richterstuhl Gottes und muss die Frage beantworten: »Warum hast du dein Kind getötet?«

Das Elternpaar, von dem ich euch hier erzähle, wird diese Frage nicht beantworten müssen, denn die beiden haben ihr Kind nicht getötet. Sicher haben die sich Gedanken gemacht, was werden soll, wenn es ein Junge wird. Die Chancen standen 50:50. Und wenn es nun ein Junge wird? Und es wird ein Junge! Er sollte laut Gesetz in den Nil, den Krokodilen zum Fraß, geschmissen werden. Drei Monate gelingt es den Eltern, das Kind zu verstecken. Als es nicht länger geht, – so ein Kind schreit, die Spitzel des Pharao konnten das hören – muss das Kind aus dem Haus. Die Mutter will unter allen Umständen, dass das Kind am Leben bleibt. Sie bastelt einen kleinen Kasten aus Rohr, verklebt das Ding mit Harz und Pech, legt den Jungen rein und setzt das Ganze in das Schilf am Ufer des Nil.

Das ist so grotesk, so irre, dass jeder vernünftige Mensch sagen muss: So kann man doch kein Kind retten! »Denn«, so sagt die Stimme der Vernunft: »Der Kasten geht aus dem Leim oder unter. Wenn er nicht untergeht, wird das Kind verhungern oder verdursten. Wenn das Kind nicht verhungert, kriegt's eine Lungenentzündung oder einen

Sonnenstich. Wenn das alles nicht passiert, fressen es die Krokodile. Jedenfalls sind die Chancen, das Kind könnte überleben, gleich null.«

Das alles wird sich die Mutter selber auch gesagt haben. Aber diese Frau hat nicht nur einen gesunden Menschenverstand, sondern auch ein gesundes Gottvertrauen. Vielleicht kannte sie die Geschichte von der Arche Noah. Gegen die konnte man auch solche Argumente vorbringen: Wird der Kasten überhaupt schwimmen? Und falls er nicht untergeht, werden die da drin überhaupt Luft kriegen usw.? Die Mutter baut ihrem Kind eine kleine Arche, setzt es rein, setzt das Ganze ans Flussufer und geht nach Hause. Ab jetzt überlässt sie ihr Kind nicht seinem Schicksal, sondern seinem Schöpfer, dem lebendigen Gott. Dieses völlige Überlassen an Gott nennen wir Glauben.

Vorhin ging es um den Glauben als Gehorsam. Da muss man handeln. Jetzt geht es um den Glauben als Vertrauen. Da muss man Gott handeln lassen.

## Das Krokodil im Nil ist nicht Gottes Ziel

Die Mutter des Jungen hatte wirklich getan, was sie konnte. Sie hat mehr getan als alle anderen Mütter damals. Aber jetzt kann und weiß sie nicht mehr weiter.

Es gibt Situationen, da gibt es einfach nichts mehr zu tun. Da bist du am Ende, da kannst du nichts machen. Aber Gott kann was draus machen. Deshalb ist es in solchen Situationen ganz wichtig, dass man Vertrauen zu Gott hat. Dann gib nie auf! Dann gib alles aus der Hand und überlass Gott das Handeln. Er kennt den Weg. Er weiß die Lösung. Er hat die Macht. Deine Verlegenheiten sind seine Gelegenheiten. Gott fällt immer noch was ein, und wenn es eine badelustige Prinzessin ist.

Der Herr Ramses hat nämlich eine Tochter. Und grad an

dem Tag hat die Lust, im Nil zu baden. Bevor sie mit der zwitschernden Herde ihrer Freundinnen ins Wasser einfällt, wird noch eine Runde Federball gespielt, und bei dieser Gelegenheit – nein, so ein Zufall aber auch! – wird das ulkige Kästchen im Schilf entdeckt. Prinzesschen lässt sich die Schatulle an Land ziehen, klappt den Deckel auf und ist hin und weg. Sieht sie doch im Karton so ein putziges, kleines Kerlchen, dem die Tränen aus den Augen kullern. Sie kombiniert sofort, dass es sich um einen Hebräer handelt, wird von mütterlichen Gefühlen überwältigt und beschließt, das Bürschlein zu adoptieren.
In diesem Moment schießt die Schwester des Kleinen aus dem Gebüsch hervor. Die hatte die ganze Zeit beobachtet, was aus ihrem Brüderchen wird, und fragt jetzt die Prinzessin, ob sie ihr eine Amme besorgen soll, die das Kind stillen könnte. Prinzesschen ist einverstanden. Das Mädchen holt die Mutter des Kindes, die kriegt ihren Jungen wieder, kriegt es außerdem noch gut bezahlt, und so wächst der Junge unter dem persönlichen Schutz der Tochter des Pharaos auf. Er ist gerettet. So erlebt der Glaube Wunder. Gottes Wunder gehen so einfach, so natürlich vor sich, dass der Unglaube sie »ganz natürlich« erklären kann – mit Hilfe des Zufalls, der Psychologie usw. Mit dem Unglauben ist es ja komisch. Vorher sagt er zum Glauben: »Was du erwartest, ist unmöglich. Was du machst, ist sinnlos.« Hinterher, wenn das Unmögliche eingetreten ist und das angeblich Sinnlose sich als das einzig Richtige und Vernünftige herausgestellt hat, will der Unglaube von seinen vorherigen Zweifeln plötzlich nichts mehr wissen. Da heißt es dann auf einmal: »Das war doch überhaupt kein Wunder, das ging doch alles ganz natürlich zu.«
Natürlich, so ist das bei den Wundern Gottes. Es geht alles ganz natürlich zu, denn Gott tut seine Wunder durch

Menschen und durch Umstände und durch die natürlichen Gegebenheiten. Er hält sich völlig im Hintergrund. Er selber tritt gar nicht in Erscheinung.
Ich möchte hier darauf aufmerksam machen, dass bisher in dem Kapitel (2.Mose 2) das Wort »Gott« überhaupt nicht vorkommt. Alles spielt sich ganz im Vordergrund auf der Bühne ab und ist für jeden Zuschauer ganz vernünftig und logisch zu erklären. Das Ganze ist weiter nichts als eine Reihe von Zufällen.
Erst hat Prinzesschen den Einfall, Federball zu spielen. Dann fällt der Ball ins Schilf. Dort fällt denen das Kästchen auf usw. – Nur das Auge des Glaubens erkennt im Hintergrund hinter den Kulissen die Hand Gottes, die hier die Regie führt.
Denn mit diesem Kind hat Gott noch was ganz Großes vor. Als das Kind groß wird, wird es zur Tochter Pharaos gebracht und bei Hofe von ihr als Sohn erzogen. Als Erstes gibt sie ihm einen ägyptischen Namen. Sie nennt ihn »Mose«. Mose – das ist der Mann, der später das Volk Israel aus der Sklaverei in die Freiheit geführt hat. Das ist der Mann, der außer Christus zur bedeutendsten Gestalt der Menschheit wurde, der wie kein anderer Christus nahe steht. Denn, so steht in der Bibel (Offenbarung 15,3): »Wenn die Aufrechten, die sich den Mächten dieser Welt nicht gebeugt haben, vor Gott stehen werden, werden sie ein Lied singen, das Lied des Mose und das Lied des Lammes« (Offenbarung 15,3).
Ich habe dir die Geschichte erzählt, weil ich dir wünsche, dass du dann in Gottes Reich dabei bist.

# Vom Machtmenschen zum Meuchelmörder

2.Mose 2,11-15

Gast zum Ober: »Hören Sie mal, Herr Ober, hier auf der Karte steht ›Eier mit Kartoffelsalat‹. Was für welche sind denn das? Spiegeleier oder Rühreier?« »Wie Sie wünschen, mein Herr.« »Und was ist da der Unterschied?« Der Ober: »Spiegeleier können Sie zählen.«
Die Nachkommen von Joseph waren eines Tages nicht mehr zu zählen und wurden vom Pharao in die Pfanne gehauen. Ich habe ja erzählt, wie Joseph vom Pharao die Erlaubnis bekommen hatte, seine Familie nach Ägypten kommen zu lassen, also seine elf Brüder und deren Frauen und die ganze Mischpoche anreiste, eine Hucke von 70 Mann. Die hatten ihren Besitz und sich selbst fleißig vermehrt, waren angeschwollen zu einem ganzen Volk, dem Volk Israel.

## Lieber Arm ab als arm dran

Als später ein anderer Pharao kam, wurde ihm das zuviel und er verfiel auf den Gedanken, den Israeliten den Nachwuchs abzuschneiden: Jeder Junge, der geboren wurde, sollte gleich getötet werden. Auf wunderbare Weise wurde ein Judenjunge gerettet. Das war der Mose. Geboren vor 4000 Jahren, vom ägyptischen König mit dem Tod bedroht, von der Tochter des Königs adoptiert, bekommt er am Hof des Königs eine Super-Erziehung. Er bekommt mit, wie ein Staatswesen regiert wird. Er bekommt Lust, da mitzumischen. Er bekommt sagenhafte

Perspektiven für seine Zukunft. Eine Karriere als hohes Tier ist so gut wie sicher, möglicherweise ist sogar ein Ministerposten drin – vorausgesetzt, er macht keine Zicken und hält sich an die Spielregeln der Herrschenden. Denn von Geburt ist er ja Israelit, also Glied des Volkes, das die Ägypter versklaven. Aber während das Volk Israel in den ägyptischen Zwangslagern hungert, lungert Mose auf weichen Diwans herum, macht sich als ägyptischer Prinz einen Fetten. Er verspeist täglich das feinste Futter, badet früh in Milch und abends in Sekt. Zwischen ihm und dem Volk Israel, diesen armen Schweinen, die sich in der Ziegelei zu Tode schuften und nichts Anständiges zu essen haben, liegen Welten. Er lebt auf der Seite der Herrschenden, und er wäre ja blöd, wenn er sich mit den unterdrückten Habenichtsen solidarisch erklären würde. Würde er zu seinem Volk zurückkehren, gäbe das für ihn nur Nachteile – Zwangsarbeit, niedriger Lebensstandard, menschenunwürdiges Leben. Mose sagt sich: Lieber reich und frei als arm und versklavt. Und außerdem: Wem würde es nützen, wenn er seinen guten Posten aufgeben und sich auf die Seite des Volkes stellen würde? Im Gegenteil – er könnte seinem Volk in seiner hohen Position viel mehr nützen. Vielleicht könnte er dessen Schicksal mildern, wenn er seine Beziehungen am Hofe ausnutzt. Mit diesem Argument reden sich ja bis heute die Kirchenleute vom Typ Stolpe raus, die als Stasi-Helfer auf der Seite der Unterdrücker mitgemacht haben. Der Egoist, der sich für ein bequemes Leben entscheidet, gibt niemals zu, dass er aus Egoismus handelt, sondern er schiebt immer ehrenwerte Gründe vor. Und Gründe, warum einer, der seinen hohen Lebensstandard halten will, bei einer ungerechten Sache mitmacht, finden sich immer. Aber wer eine verlogene Politik mitmacht, muss sich selber belügen. Also: »Ich kann denen da unten viel besser helfen, wenn ich meinen Einfluss bei denen da oben ausnutze. Ich muss also nicht nur meinen Posten behalten, sondern muss möglichst einen noch höheren anstreben.« So geht das Streben nach dem nächsten Posten fleißig weiter, immer höher auf der Leiter, und leider ist Mose auch so ein Streber. Er scheut sich vor dem Schicksal der harten Sklaverei. Er bleibt bei den weichen Polstern am Tyrannenhofe. Aber dort sind seine Tage gezählt. Denn auch für ihn kommt eines Tages, wie für jeden, die Entscheidungsfrage: Worum geht es dir? Um deine Karriere oder um Gottes Ehre? Was willst du? Willst du Geld machen oder willst du zum Volk Gottes gehören? Auf diesen Punkt hat es auch Jesus gebracht, wenn er gesagt hat: »Ihr könnt nicht Gott und dem Mammon dienen.« Entweder – oder.

## Fettlebe oder Fettnäpfchen

Mit Gott leben ist schön, aber es ist nicht leicht. Leichter hast du's, wenn du mit der breiten Masse mitschwimmst, da brauchst du dir keinen Kopf zu machen, wo's lang geht. Das sagen dir schon die anderen. Sind ja genug andere da, die für dich denken, dich lenken. Was du dir für Klamotten anziehen sollst, was du dir für Filme ansehen sollst, das sagt dir die BRAVO, und es ist, wie es in einem Lied heißt, »sehr bequem, den breiten Weg zu gehn«. Aber wenn du aus der breiten Masse heraustrittst, trittst du schon ins Fettnäpfchen. Wenn du dich auf die Seite von Jesus stellst, stehst du schon als Außenseiter da und kriegst Schwierigkeiten.

Du kannst es ohne Jesus sehr weit bringen im Leben. Aber ohne Jesus bringst du es nie bis zum ewigen Leben. Das ewige Leben ist die Belohnung, die er dir gibt, wenn du an ihn glaubst. »Wer an mich glaubt«, sagt Jesus, »der hat das ewige Leben.« Du hast es, jetzt schon. Also nicht erst nach deinem Tod. Freilich bedeutet ewiges Leben auch, dass du mit Christus ewig leben kannst, auch über den Tod hinaus. Aber es bedeutet auch, dass dein Leben jetzt eine ganz neue Qualität bekommt. Zum Beispiel: Du hast Frieden mit Gott. Frieden mit dir. Du hast ein gutes Gewissen. Und das ist jetzt die große Frage: Willst du wegen paar Jahrzehnten mit höherem Lebensstandard deinen Seelenfrieden und dein gutes Gewissen aufs Spiel setzen? Wegen paar hundert Mark mehr im Monat auf die Ewigkeit mit Gott verzichten? Denn die Ewigkeit steht auf alle Fälle vor dir. Entweder du verbringst sie mit Gott – das ist der Himmel. Oder du verbringst sie ohne Gott – das ist die Hölle. Wo du die Ewigkeit verbringst, erfährst du im Jüngsten Gericht. Dann wird das Urteil gefällt, und zwar aufgrund des Lebens, das du heute führst. Es entscheidet sich also heute, was dann aus dir wird. Im Gericht ist völlig uninteressant, wieviel Geld du gemacht und wieweit du's im Leben gebracht hast, was die Leute von dir gedacht haben und was in deiner Personalakte gestanden hat. Dann geht es nur noch um eine einzige Frage: ob du auf der Seite von Jesus gestanden hast. Das heißt, ob du mit ihm durch dick und dünn gegangen bist, ob er der Maßstab für deine Moral, dein Handeln, dein Verhältnis zum Geld, zum Mitmenschen usw. gewesen ist, ob du dich nur vor ihm gebeugt hast, ob dein Name im Buch des Lebens steht. Wer nicht auf Jesus steht, steht falsch. Ich möchte dich davor bewahren, dass du auf der falschen Seite stehst und verloren gehst. Deshalb bitte ich dich: Gib dein Leben Jesus. Orientiere dich nicht an vergänglichen Dingen, sondern orientiere dich an ihm. Sieh auf die Belohnung, die er für dich bereithält, wenn du dich zu ihm hältst. So machte es Mose. In der Bibel steht: »Weil Mose Gott vertraute, weigerte er sich, als er erwachsen war, den Namen eines Sohnes der ägyptischen Königstochter zu tragen. Er zog es vor, mit dem Volk Gottes zu leiden, anstatt für kurze Zeit gut zu leben und dabei Schuld auf sich zu laden. Er war sicher, dass alle Schätze Ägyptens nicht soviel wert waren wie die Verachtung, die einer für Christus auf sich nimmt. Er sah hin auf die Belohnung« (Hebräer 19,24ff).

**Klotz statt Glotze?**

Es lohnt sich, an Gott zu glauben! Mose entschied sich also, als er erwachsen geworden war, für das Volk Gottes. »Als er erwachsen geworden war« (2.Mose 2,11). Bestimmte Entscheidungen kann man erst von einem bestimmten Alter an fällen. Bis zu einem gewissen Alter ist es normal, dass man einfach nachplappert, was einem die Erwachsenen so erzählen. Aber so ab vierzehn/fünfzehn gehen einem die Augen auf. Man sieht, dass in dieser Welt nicht alles ganz rund läuft. Man macht sich seine eigenen Gedanken. Man bestimmt selber, welche Bücher man liest, wohin man geht. Man prüft kritisch, ob das stimmt, was einem da eingetrichtert worden ist. Dem guten Mose hatten sie beigebracht: »Die Juden sind dumm, denn sie glauben an Gott. Die Juden sind Ausländer, Untermenschen, die Juden muss man hassen usw.« Und da er seine Nase nie aus dem Königspalast rausstecken konnte, da er nur diese einseitigen Informationen aus der hofeigenen Presse hatte, hat der das alles brav geglaubt – bis zu dem Tag, als er alt genug war, sich die Wirklichkeit mit eigenen Augen anzusehen. Er macht einen Spaziergang ins Freie, er verlässt die Abgeschlossenheit seines goldenen Käfigs. Er geht raus auf die Straße, um zu sehen, was Fakt ist.
Da kommt er an der Großbaustelle vorbei, wo die Israeliten Pyramiden bauen müssen, und er sieht das Elend sei-

nes Volkes. »Zu der Zeit, als Mose erwachsen geworden war, ging er hinaus zu seinen Brüdern und sah ihren Frondienst« (2.Mose 2,11).
Mose geht aus und sieht. Beides ist wichtig. Dass sein Volk von den Ägyptern unterdrückt wurde, hatte er schon immer gewusst. Aber dieses Wissen war rein theoretisch. Wie das praktisch aussieht, wenn ein ägyptischer Aufseher einen Juden zusammenschlägt, hatte er noch nie gesehen. Jetzt sieht er es. »Und er sah, wie ein Ägypter einen seiner hebräischen Brüder erschlug«.
In diesem Augenblick wird Mose zum Freiheitskämpfer. Mit diesem Sehen beginnen alle Freiheits- und Befreiungskämpfe der Menschheit. Martin Luther King, der junge Gelehrte aus dem Norden, sah die Unterdrückung seiner Brüder in den Südstaaten von Amerika. David Wilkerson, der Kleinstadtpfarrer, sah das Elend der New Yorker Jugendlichen – sie alle sahen und handelten.
Auch wir sehen vieles. Aber wir übersehen es. Wir nehmen es nicht wahr. Wir sitzen auf unseren vier Buchstaben in unseren vier Wänden und sehen fern. Wir sehen die Armut, den Hunger, die Ungerechtigkeit, und haben die Leiden der ganzen Welt täglich vor Augen. Wir glotzen, aber wir sehen nicht. Mose sieht, was gespielt wird. Ihm gehen die Augen auf. Er ergreift spontan Partei für sein Volk. Das ist gut, aber wie er es macht, ist total falsch. Als er sieht, wie ein Ägypter einen Israeliten erschlägt, »da blickte er sich nach allen Seiten um, und als er sah, dass kein Mensch da war, erschlug er den Ägypter und verscharrte ihn im Sand« (2.Mose 2,12). Mose, ein Meuchelmörder.

## Wie er in die Wüste düste

Am nächsten Tag treibt er sich wieder auf der Baustelle herum. Diesmal beobachtet er, wie sich zwei hebräische Männer streiten. Als die anfangen, sich zu kloppen, mischt er sich ein. Er fragt den, der im Unrecht ist: »Warum schlägst du deinen Nächsten?« Da sagt der Mann zu ihm: »Wer hat dich zum Aufseher oder Richter über uns gesetzt? Willst du mich auch umbringen, wie du den Ägypter umgebracht hast?« (2.Mose 2,14).

Da packt Mose die Angst. Er erkennt, dass er erkannt wurde. Für den Totschlag von gestern gibt es also Augenzeugen. Auch der Pharao bekommt von der Sache Wind und will seinerseits Mose töten. Es wird eng für den Freiheitskämpfer. Es bleibt ihm nichts anderes übrig als die Flucht. Ab in die Wüste!

Der Totschlag an dem Ägypter hat sein Leben schlagartig verändert. Der verwöhnte Prinz, dem abends seine Diener perlenbestickte Pantoffeln anzogen und goldene Weinbecher füllten, wird zum Flüchtling. Die Karriere ist im Eimer. Am Schluss sitzt er, ein Häufchen Unglück, in der Fremde an einem Brunnen und säuft Wasser aus dem gleichen Eimer wie das liebe Vieh. Die Geschichte fing so gut an! Als Kind die wunderbare Errettung, als junger Mann der schöne Platz an der Sonne. Er kommt sogar in die Nähe des Hebels der Weltgeschichte, und plötzlich landet er als Flüchtling in der Wüste.

Es gibt junge Leute, die machen einen verheißungsvollen Anfang mit Gott. Von manchen denke ich: Das wird mal einer, zu dem man aufblicken kann; die wird mal ne richtige christliche Mutter; der wird mal ein guter Mitarbeiter. Und plötzlich, zack, sacken die ab, und alles ist vorbei. Gerade bei solchen Menschen, die gut gestartet sind, tut es weh, wenn man sie wieder vergammeln sieht. Mose

vergammelt in der Wüste. Wie konnte Gott das zulassen? Gott ist ein großer und heiliger Gott. Er will ernst genommen werden, und er meint es ernst. Und wenn seine Auserwählten eigensinnig werden, lässt er sie auch ihre eigenen Wege gehen, und es geht mit rasender Schnelligkeit bergab. Gott hatte Mose auserwählt, er sollte zum Befreier Israels werden, aber nicht zum Guerillakrieger und Totschläger. Selbstverständlich hatte Mose es gut gemeint. Sein Motiv war von der edelsten Sorte: Er hatte sich auf die Seite der Unterdrückten gestellt, gegen die Ungerechtigkeit protestiert, für die Freiheit gekämpft, einem Menschen in der Not beigestanden. Er hatte in der allerbesten Absicht gehandelt. Bloß nützt die beste Absicht nichts, wenn von Gott kein Auftrag vorliegt. Als Mose sich in den Streit seiner beiden Landsleute einmischt, fragt ihn der eine: »Wer hat dich eigentlich zum Richter über uns eingesetzt?« Diese Frage enthüllt das ganze Problem. Hier geht es um den Angelpunkt der ganzen Geschichte. Es geht um die Legitimation: Wer hat dich eingesetzt? In wessen Auftrag handelst du?
Auf diese Frage muss Mose schweigen. Er kann ja nicht sagen: »Ich handle im Auftrag Gottes. In Übereinstimmung mit seinem Willen habe ich den Ägypter erschlagen, in seinem Namen habe ich die Leiche im Sand verbuddelt. Hinter mir steht die Autorität Gottes.« Das wäre gelogen. Wäre Mose ehrlich, müsste er sagen: »Ich habe keinen Auftrag. Hinter mir steht niemand. Ich handle in meinem eigenen Auftrag. Es war meine Idee, den Freiheitskampf mit einem Totschlag einzuleiten. Ich bin ein eigenmächtiger, unbeherrschter Mensch.« Aber das will er nicht sagen, und den Satz »Ich bin ein Totschläger von Gottes Gnaden« kann er nicht sagen, denn dieser Satz ist Unsinn, ein Widerspruch in sich selbst. Totschläger »von Gottes Gnaden« gibt es nicht. Wer Men-

schen totschlägt, hat Gott nicht hinter sich. Mose kann also die Frage, wer ihn beauftragt hat, nicht beantworten. Er schweigt.

**Einbildung ist auch 'ne Bildung**

Es ist peinlich, wenn ein erwachsener Mann dasteht wie ein dummer Schuljunge, wenn sich das, was als Heldentat gedacht war, als Dummheit herausstellt. Es ist peinlich, wenn ein erwachsener Mensch keine plausiblen Gründe für sein Handeln angeben kann. Es ist peinlich, wenn ein Kind Gottes sich nicht auf Gott berufen kann. Kannst du dich mit deiner Lebensweise eigentlich auf Gott berufen? Zum Beispiel würde mich mal brennend interessieren, auf welche Bibelstelle du dich berufst, wenn du dauernd mit jemand anderem schläfst. Oder wenn du deine Zeit totschlägst mit sinnloser Gammelei, wenn du dein Gehirn volllaufen lässt mit Filmen, die die Gewalt verherrlichen und die Unzucht verharmlosen – wie begründest du das biblisch? Wie vereinbarst du den frommen Fisch auf deiner Heckscheibe mit den fiesen Pornos auf deiner Mattscheibe? Wie vereinbarst du es mit Gottes Willen, dass du Dinge tust, sagst, schreibst, unterschreibst, die gegen deine Überzeugung und gegen dein Taufversprechen sind? Auf welchen Auftrag Gottes berufst du dich, wenn du auf Sauftour gehst und deinen Körper voll Alkohol pumpst? Wenn dich jemand nach deiner Handlungs- und Lebensweise fragt, musst du sagen können: »Ich mach das so, weil Gott das so will.« Wenn du dich auf Gott berufen kannst, kann die ganze Welt Kopf stehen und dich für verrückt erklären – du bist auf alle Fälle richtig. Wenn du dich nicht auf Gott berufen kannst, kannst du mir leid tun. Denn wenn dein Leben nicht mit Gottes Willen übereinstimmt, stimmt es nicht, läuft schief. Da brichst du ein wie Mose.

Mose hatte keinen Auftrag von Gott, eine Theologie der Revolution auszuprobieren. Er hatte keinen Auftrag zur Gewaltanwendung. Es mag Fälle geben, wo Gewalt die allerletzte Möglichkeit ist, nachdem alle Schritte der Gewaltlosigkeit gegangen worden sind. Jedenfalls ist Gewaltanwendung für uns Christen nur als Grenzfall denkbar. Mose jedenfalls hatte keinen Auftrag, den Terroristen zu spielen. Er hatte keinen Auftrag, einen Menschen umzubringen, sondern er hat eigenmächtig gehandelt, und das war sein Fehler.

Mit einem so fehlerhaften Werkzeug kann Gott nicht arbeiten. Für Gottes Pläne ist Mose unbrauchbar geworden. Deshalb legt Gott ihn erst mal beiseite. Er muss lernen zu warten, bis Gott grünes Licht gibt. Mose konnte nicht warten. Er dachte, es wäre schon viel zu lange gewartet worden. Jetzt müsste er die Sache selber in die Hand nehmen und Gott sozusagen ein bisschen nachhelfen. Aber das hat Gott nicht nötig. Den Zeitpunkt, wann etwas zu geschehen hat, lässt er sich auch von keinem Menschen vorschreiben. Mose war der Ansicht: »Die Zeit zum Handeln ist reif. Es muss etwas geschehen. Sofort. Lange genug hat das Volk gelitten. Mit der Befreiung kann keine Stunde länger gewartet werden. Es ist höchste Zeit zum Losschlagen.« So dachte Mose. Er hat gedacht – gefragt hat er Gott nicht. Ich war mal dabei, als ein Ehepaar die Koffer aus dem Auto packte und ins Hotel schaffte. Irgendwas hatte der Mann bei der Aktion vergessen, weshalb ihn seine Frau anpfiff. Er versuchte, sich zu rechtfertigen mit dem Satz: »Ich kann doch nicht an alles denken.« Darauf seine Frau: »Du sollst nicht denken, du sollst auf mich hören!« Mose hatte nicht auf Gott gehört, sondern sich eigene Gedanken gemacht. Aber Gott denkt in der Frage der Zeit anders als wir. Zum Beispiel denken wir heute, wenn ein alter Mensch sich mit Schmerzen quält: »Warum warten, bis Gott ihn sterben lässt? Er hat lange genug gelitten. Gebt ihm eine Spritze, damit er endlich stirbt.« Das Motiv ist edel. Der Leidende soll befreit werden. Das Töten geschieht in bester Absicht. Aber ohne Gottes Auftrag, ohne Rücksicht auf seinen Zeitplan. Denn, wie gesagt, Gott denkt in der Frage der Zeit anders als wir. Wo wir denken: »Jetzt muss Gott eingreifen; jetzt muss er endlich helfen«, wo wir ungeduldig auf eine sofortige Entscheidung pochen, da hat Gott noch viel Zeit. Und manchmal ist es genau umgekehrt: Wo wir denken, wir haben noch massenhaft Zeit, ist Gottes Uhr vielleicht schon so gut wie abgelaufen. Wo Gott von uns z.B. eine sofortige Bekehrung fordert, tun wir so, als hätten wir noch viel Zeit. Wieviel Zeit hast du denn noch?

Vielleicht hat Gott heute zu dir gesprochen, und du hast gemerkt, dass er dich haben will. Dir ist klar, dass Gott zu dir sagt: Heute ist der Tag deiner Bekehrung! Und du sitzt da und behauptest zu wissen, dass du noch viel Zeit hast. Woher weißt du das?

Neulich hielt ich ein Heft einer Jazzzeitschrift in der Hand. Auf der Titelseite war der berühmte Pianist Michel Petrucciani abgebildet. In dem Interview mit ihm in dieser Zeitschrift antwortete er auf die Frage, wie und wann er alle seine geschilderten Pläne verwirklichen will: »Ich tröste mich dann, dass ich noch jung bin und noch viel Zeit habe.« Zum Zeitpunkt, als dieses Interview erschien, war er bereits tot.

Wer weiß, wieviele diese Predigt hören, die eine Entscheidung für Gott bis jetzt weggeschoben haben, die noch nicht bekehrt sind. Es ist möglich, dass dir Gott noch öfter die Chance gibt. Es ist aber auch möglich, dass das heute deine letzte Chance ist. Es gibt auch ein Zuspät!

Ob du morgen oder irgendwann nochmal die Gelegenheit hast, dich zu bekehren, das weiß ich nicht. Darüber

kann ich keine sicheren Aussagen machen. Aber eins weiß ich mit absoluter Sicherheit, und das kann ich dir im Namen von Jesus sagen: Heute, jetzt, ist es für dich nicht zu spät. Jetzt hörst du die Botschaft. Jetzt macht dir Gott sein Friedensangebot. Jetzt wartet er auf dich. Und ich bitte dich: Igle dich jetzt nicht ein. Fahr alle deine Antennen aus, damit du die Signale Gottes empfangen kannst, der dir jetzt durch mich sagen lässt: Lass dich versöhnen mit Gott!
Das habe ich mir nicht ausgedacht. Ich habe den klaren Auftrag Gottes, dir das zu sagen. Du solltest Gott noch heute eine klare Antwort geben.

# Grünfutter gesucht – Gott gefunden

2.Mose 3

Ich habe schon viele kennen gelernt, die sich als gewaltige Revolutionäre gebärdeten. Mit Vollbart im Gesicht und voller Zuversicht entwarfen die weltverändernde Programme – solange sie jung waren. Als ich sie später wieder traf, war der Bart ab. Gesichter meist glatt und feist, wie ein Kinderpopo. Audi im Stall, Baby im Ställchen, Schrankwand. Man traut seinen Augen kaum: Der Revoluzzer von einst hängt im Sessel vorm Fernseher, frisst Salzstangen und hält den Musikantenstadl für das größte kulturelle Ereignis des Monats.

Auch Mose ist bürgerlich geworden. Der Revolutionär, der politische Gegner totschlug, widmet sich der friedlichen Schafzucht. Mose war vom todgeweihten Findelkind zum ägyptischen Prinzen aufgestiegen, hatte einen Ägypter erschlagen, und von da an ging's bergab. Gott hatte ihm die rote Karte gezeigt, und ab ging's in die Wüste. Hinter den Bergen musste er als Flüchtling untertauchen. Inzwischen sind 40 Jahre vergangen. Aus dem zornigen jungen Mann, der leidenschaftlich für die Freiheit kämpfen wollte, ist ein sesshafter Bürger geworden, der seine Ruhe haben wollte. Er hat auch in der Wüste sein privates Glück, sein Frauchen, gefunden. Mose hat geheiratet.

Ich hab mal von einem, der sich in der Wüste verlobt hat, eine Verlobungsanzeige bekommen. Da stand drauf: »Wenn mancher an der Küste wüsste, wie gut sich's in der Wüste küsste ...« Als ich dann mal mit meinem Mitarbeiter Wolfgang im Stau stand und wir uns irgendwie beschäftigen müssten, haben wir an diesem Zweizeiler weitergebastelt, und das Ergebnis klang so:

Wenn mancher an der Küste wüsste,
wie gut sich's in der Wüste küsste,
dann küsste er nicht an der Küste,
als ob er nichts von Wüsten wüsste.
Dann wär'n bei Wüstenküsserei
die Küstenküsser auch dabei.

## Jedem Hammel sein Gegammel

Bei Mose waren die wilden Kusszeiten schon lange vorbei. Er hat einen Sohn aufgezogen, er hat seine Filzpantoffeln angezogen und bereitet sich auf einen geruhsamen Lebensabend vor. Mit der großen politischen Karriere war's Essig, da hat er sich ins Privatleben zurückgezogen. Außer einer Runde Skat mit Schwiegervater und Sohn spielt sich bei ihm nichts mehr ab. Mose steht auf dem Abstellgleis.
Dorthin hatte Gott ihn gestellt. Zum Dampfablassen. Damit der Hitzkopf, der anderen Leuten den Kopf abhaut, sich abkühlt. Damit er ruhig wird.
40 Jahre Abstellgleis – man muss sich mal vorstellen, was das heißt, was das für einen Typ wie Mose heißt! Einer der bedeutendsten und begabtesten Männer der Weltgeschichte, für den in Ägypten soviel für die Befreiung seines Volkes zu tun wäre, versauert bei Hammelkotelett und Ziegenkäse. Vergeudet seine besten Mannesjahre als Schafhirt. Die weite Wüste hat einen engen Horizont. Wer dort 40 Jahre lang Schafe gehütet hat, erwartet nicht mehr viel vom Leben. Und gerade da, als er es nicht erwartet, holt Gott ihn aus der Versenkung. Eines Tages zerrt er ihn wieder ans Licht der Weltgeschichte. Der Tag geht los wie

jeder andere auch: aufstehen, Frühstück, zur Gattin ein routiniertes Winkewinke, und dann marschiert Papa Mose los. Vor sich einen langen Arbeitstag, hinter sich Schwiegervaters Schafherde, unterm Arm den Frühstücksbeutel – Hammelkotelett mit Ziegenkäse. Immer nur Ziegenkäse. Öde, eintönig, langweilig. So geht das nun schon seit 40 Jahren, jeden Tag dasselbe. Und da passiert nun doch mal was Neues. Etwas ganz Außergewöhnliches, Verrücktes, Sensationelles, was Mose noch nie gesehen hat: Als er an den Berg Sinai kommt, sieht er einen Dornbusch. Der brennt lichterloh und – jetzt kommt's! – der brennt, ohne zu verbrennen!

## Heißer Tipp für coolen Typ

Mose sagt sich: »Das kriegste in dein' Kopp nicht rein, das kiekste dir mal aus der Nähe an.« Aus purer Neugier geht er näher. Er leistet sich einen Abstecher vom geplanten Weg, kraxelt zu dem Busch, und da passiert es: Ihm begegnet Gott.

Das war ja nun das Letzte, was er erwartet hatte. Er war ja nicht auf der Suche nach Gott, sondern nach Grünfutter. Und der brennende Dornbusch – ein Busch, der brennt, ohne zu verbrennen – war für ihn weiter nichts als eine Kuriosität am Wegrand. Genauso wie heute viele die Kirche für weiter nichts halten als eine Kuriosität am Wegrand der Menschheitsgeschichte. Wo man höchstens mal aus Neugier reinkiekt, um mal zu sehen, was das ist: etwas, das stirbt, ohne auszusterben. Denn dass die Kirche auf dem Aussterbeetat steht, das steht ja fest, zumindest steht das in vielen Büchern. Nach der Theorie müsste die Kirche eigentlich längst tot sein. Aber in der Praxis ist sie einfach nicht totzukriegen. Im Gegenteil: Statt endlich an Altersschwäche zu sterben, wird die alte Dame immer attraktiver, mancherorts besonders für junge Leute. Ich hörte, dass eine ältere Bürgerin, die jemand in die Kirche einlud, mit der Begründung ablehnte: »Kirche? Das ist doch bloß was für junge Leute.« Jedenfalls fragen sich immer mehr: Wieso ist denn die Kirche immer noch da? Weil Jesus lebt, deshalb stirbt die Kirche nicht, auch wenn ihr Ableben noch so oft prophezeit, provoziert, gewünscht oder als wissenschaftliche Tatsache hingestellt wird.

Soviel verstand der Schafhirt Mose auch von der Wissenschaft, dass ein Busch, der brennt, eigentlich verbrennen müsste. Als er aber sieht, dass der Busch nicht verbrennt, da folgert er nicht messerscharf, dass nicht sein kann, was nicht sein darf, sondern er geht an die Sache wissenschaftlich ran. Er prüft sie nach. Er klopft auf den Busch, und wer steckt dahinter? Gott.

Wäre Mose stur seinen ausgetretenen Trampelpfad weiter getrottet, wäre er glatt an Gott vorbeigelaufen. Aber er schert aus. Er verlässt den vorschriftsmäßigen Weg. Er überwindet sein Vorurteil. Der Mose wäre auf seinem Abstellgleis weiter gefahren, wenn er nicht mal den Abstecher zum Dornbusch gemacht hätte. Denn die Begegnung am Dornbusch ist die Station, wo Gott den Mose vom Abstellgleis runter holt. Jetzt setzt er ihn wieder auf die Hauptstrecke, die in die Welthauptstadt zum Pharao führt. Dort wird Mose jetzt mit Volldampf hingeschickt. Jetzt beginnt für ihn ein neues Leben, jetzt bekommt er seine eigentliche Lebensaufgabe.

Gott hat den Mose nicht vergessen. Im Gegenteil – er hat mit ihm noch viel vor und hat ihn darauf vorbereitet. Dich hat Gott auch nicht vergessen. Auch mit dir hat er noch etwas vor. Auch wenn du dir vorkommst, als wärst du auf dem Abstellgleis. Vielleicht hat Gott dich tatsächlich aufs Abstellgleis geschoben. Vielleicht hast du auch, wie Mose, in Gottes Plänen rumgepfuscht und musst erst mal, wie

Mose, lernen, ruhig zu werden und nach Gottes Plan zu fragen. Denn Gott hat auch für dein Leben einen Plan.
Vielleicht ist diese Predigt heute die Station deines Lebens, wo du vom Abstellgleis wieder auf die Hauptstrekke kommst? Wieder zur Hauptsache kommst, nämlich zum Glauben an Gott? Ich kann dir nur sagen: Jesus hat die Weiche für dich gestellt. Folge ihm nach, und du erfährst, dass es für dich ein neues Leben gibt.
Mose hatte mit dem Leben praktisch schon abgeschlossen. Den Hitzkopf, der darauf brannte, Unterdrücker kaltzumachen, hatte Gott auf Eis gelegt. Jetzt, nachdem er ihn 40 Jahre lang zum Abkühlen kaltgestellt hatte, taut Gott ihn wieder auf und tritt ihm als Feuer entgegen. Mose sieht den brennenden Dornbusch. Das Unheimliche und Unbegreifliche des Feuers wird zum Symbol für die Erscheinung Gottes: »Da rief Gott ihn aus dem Busch und sprach: Mose!« (2.Mose 3,4).

## Stopp den Flop

Mose bleibt wie angewurzelt stehen. Er ist weit weg von zu Hause, in der grenzenlosen Einsamkeit am Berg Sinai. Um ihn herum nichts als die Wüste, Sand und die Tiere. Da ruft ihn einer mit seinem Namen. Mose erschrickt: Hier ist einer, der mich kennt!
So ist das schon manchem gegangen, der weit weg von zu Hause zufällig eine Kirche betritt. Da sitzt du nun einsam hier in der anonymen Masse, und auf einmal fühlst du dich angesprochen. Plötzlich merkst du: Hier geht's nicht um verstaubte Philosophie, hier geht's nicht um religiöse Spinnerei, hier geht's nicht um harmlose Unterhaltung, hier geht's um mich! Die Leute, die um dich herum sitzen, kennen dich nicht. Ich kenne dich auch nicht. Aber Gott kennt dich. Er kennt deine Vergangenheit. Er

kennt deine jetzige Situation. Und er kennt deine Zukunft. Er kennt dich, er liebt dich, er braucht dich, und er ruft dich. »Da rief Gott ihn aus dem Busch und sprach: Mose! Er antwortete: Hier bin ich.« Das ist die Antwort, die Gott auch von dir erwartet. Es ist egal, wie dein Leben aussieht. Es ist egal, ob du wie Mose einen Mord (z.B. eine Abtreibung) auf dem Gewissen hast. Es ist egal, ob du 40 Jahre lang ohne ihn gelebt hast, weil sie dich als Atheisten erzogen haben. Es ist egal, in welche Wüste, in welches wüste Leben du abgesackt bist. Heute ruft er dich. Ich weiß nicht, zum wievielten Mal er dich heute ruft. Ich weiß nicht, ob er dich heute zum letzten Mal ruft. Ich weiß nur: Er ruft dich. Komm raus aus deinem wüsten, unordentlichen, ungeordneten Leben! Möchtest du ihm nicht antworten: »Hier bin ich«? Du kannst dein Versteckspielen aufgeben. Du kannst deine Vorurteile aufgeben. Du kannst dein bisheriges Leben aufgeben. Du kannst deine Schuld abgeben. Du kannst ihm dein Leben geben. Wirf dich ihm einfach in die Arme: »Da hast du mich! Verfüge über mich! Hier bin ich!«

So fängt Glaube an. Glaube heißt nicht, alles, was mit Gott zusammenhängt, schon verstanden zu haben. Glauben heißt gehorchen. Mose hat keine Ahnung, was ihm bevorsteht. Er weiß auch nicht, wo's lang geht. Er weiß nur: Hier geht's um mich. Ich bin gemeint. Mich ruft Gott. Und da meldet er sich: »Hier bin ich.«

»Da sprach Gott: Tritt nicht näher, zieh deine Schuhe aus von deinen Füßen, denn der Ort, auf dem du stehst, ist heiliges Land« (2.Mose 3,5). Wenn du Gott begegnest, kannst du nicht weiterlaufen wie bisher. Da hebt es dich aus deinen Latschen. Da stehst du auf einem neuen Standpunkt. Als Mose so die Gegenwart Gottes erfährt, »verhüllte er sein Angesicht, denn er fürchtete sich, Gott anzuschauen« (2.Mose 3,6).

Die Respektlosigkeit und Kumpelhaftigkeit, mit der manche Leute mit Gott umspringen, zeigt nur, dass die gar nicht wissen, wer Gott ist. Schon die Rede vom »lieben Gott« ist verdächtig. Als Mose zum ersten Mal im Leben Gott wirklich erlebt, erschrickt er. Wenn wir Gott erleben, finden wir das meistens nicht zum Erschrecken, sondern wie Zuckerlecken, wir finden es »schön«: Das war eine schöne Predigt. Das war eine schöne Abendmahlsfeier. Das war ein schöner Gottesdienst.
Freunde, solange eine Predigt weiter nichts als schön ist, ist sie auch weiter nichts wert. Ich möchte hier jedenfalls keine »schöne« Predigt abliefern. Ich möchte ganz was anderes. Ich möchte, dass ihr euer Leben Gott ausliefert. Dass ihr vor der Majestät Gottes erschreckt. Dass ihr Gottesfurcht empfindet. Dass ihr eure Sünde erkennt, euch dafür schämt und in euch eine Sehnsucht nach Vergebung entsteht. Dass ihr mit eurem oberflächlichen Christsein und Jesusgetändel, mit eurem Wochenend-Wohlfühl-Christentum aufhört. Dass ihr euch bekehrt. Dass ihr euch Gott in die Arme werft: »Hier bin ich.« Ich leide darunter, dass manche Gottesdienste immer mehr zum großen Happening werden. Alle sind high, aber keiner sagt: »Herr, hier bin ich.« Alle tun so, als wären sie schon bekehrt, und wenn ich zur Bekehrung aufrufe, kommt keiner. Wenn ich dazu aufrufe, hinterher zu helfen die Kirche zu kehren und die Bekehrten eigentlich strömen müssten, kommt wieder keiner. Hier stimmt doch was nicht. Du missverstehst die ganze Sache, wenn du nicht verstehst, dass Gott hier etwas von dir will. Er will deine Entscheidung. Deine Mitarbeit. Er will dich. Er will von dir hören: »Hier bin ich.«

## Aus erfolglos wird der Volks-Boss

Gott stellt sich dem Mose vor mit folgenden Worten: »Ich bin der Gott deines Vaters, der Gott Abrahams, der Gott Isaaks und der Gott Jakobs« (2.Mose 3,6). Wir alle kennen Gott zunächst nur als Gott der Väter. Bevor wir selber glauben, lernen wir erst mal andere kennen, die an ihn glauben. Aber dieses Wissen vom Glauben anderer ist eben noch kein persönlicher Glaube, auch wenn wir diesen Glauben als Kinder von unseren Eltern übernehmen. Deshalb muss irgendwann im Leben für jeden von uns der Moment kommen, wo wir begreifen: Dieser Gott ist auch mein Gott. Irgendwann muss es sozusagen mal schnappen, wenn aus dem Wissen, dass es Gott gibt, die Erkenntnis wird, dass der sich mit mir abgibt. Mich liebt. Mich fordert. Mich verlangt. Dass er mein Gott ist. Mose war kein unbeschriebenes Blatt. Der stammte schließlich von frommen Vorfahren, hatte gläubige Eltern, hatte viel von Gott gehört. Es ist aber ein enormer Unterschied, ob einer was von Gott gehört hat oder ob er ihm gehört, ob er ihm gehorcht. Es ist ein enormer Unterschied, ob du sagst: »Ich weiß, dass es einen Gott gibt« (das wissen die Teufel auch), oder ob du sagst: »Mein Herr und mein Gott. Hier bin ich.« Das ist der Unterschied zwischen einem Christen und einem Nichtchristen. Der Unterschied zwischen bekehrt und nicht bekehrt. Zwischen einem toten und einem wiedergeborenen Christen. Auch wenn du dich seit deiner Taufe einen Christen nennst, bist du erst dann einer, wenn du Gott bewusst dein Leben auslieferst und sagst: »Hier bin ich.« Als Mose diesen Satz sagt, eröffnet ihm Gott seinen Plan: »Weil denn das Geschrei der Kinder Israel vor mich gekommen ist und ich dazu ihre Not gesehen habe, wie die Ägypter sie bedrängen, so geh nun hin, ich will dich zum Pharao senden, damit du mein Volk, die Kinder Israel, aus Ägypten führst«

(2.Mose 3,9). 40 Jahre früher hätte Mose in diesem Moment die Nase hochgehoben und gesagt: »Ich gratuliere dir, lieber Gott, dass du auf den Richtigen getippt hast. Ich bin der geborene Retter des Volkes. Das geht seinen Gang.« Und auch jetzt hätte er ja sagen können: »Na endlich greifst du auf mich zurück. Das hättest du wirklich früher haben können. Ich war ja schon vor 40 Jahren so weit.« Genau das sagt er aber nicht. Die 40 Jahre Lehrzeit in Gottes Schule waren nicht umsonst. Er ist nicht mehr der forsche Revoluzzer, der sich zutraut, mit roher Gewalt die Freiheit erkämpfen zu können. Er ist nicht mehr der überhebliche Politiker, der sich einbildet, er könne Weltpolitik machen, ohne nach Gottes Willen zu fragen. Er ist in den 40 Jahren ganz bescheiden und ruhig geworden. Deshalb trompetet er jetzt nicht: »Ich bin der Mann, der den Freiheitsmarsch anführen kann. Man reiche mir eine Fahne und eine Kalaschnikow«, sondern er antwortet: »Wer bin denn ich, dass ich zum Pharao gehe und führe die Kinder Israel aus Ägypten?" (2.Mose 3,11). Nein, ich bin der Falsche.

Diese Antwort beweist, dass er der Richtige ist. Nur mit denen, die wissen, dass sie mit eigener Kraft nichts tun können, kann Gott Großes tun. Deshalb gibt Gott ihm auf die Frage »Wer bin denn ich, dass ich zum Pharao gehe und führe Israel aus Ägypten?« die kurze Antwort: »Ich will mit dir sein« (2.Mose 3,12). Das heißt: »Du mit deinen Kräften schaffst das nicht. Aber ich werde dir Kräfte geben und unter die Arme greifen. Dann schaffst du's. Ich will mit dir sein.«

## Der Gott der Väter und der Übeltäter

Mehr als diese grundsätzliche Zusage kann man eigentlich nicht verlangen. Mose verlangt mehr. Denn, so fragt er sich, wer ist denn nun eigentlich Gott? Er will es ganz genau wissen. Da fragt er ihn nach seinem Namen. Die Antwort, die Gott ihm gibt, ist ein Rätsel geblieben bis zum heutigen Tage. Gott sagt: »Ich bin Jahwe« (früher sagte man fälschlicherweise, wie die Bibelforscher heute noch, »Jehovah«), das ist hebräisch und bedeutet: »Ich bin, der ich bin«. Es könnte aber auch heißen: »Ich werde sein, der ich sein werde«. Noch kein Theologe hat es geschafft, diese merkwürdige Aussage eindeutig zu deuten, und ich will es gar nicht erst versuchen. Mir reicht schon, dass Gott überhaupt einen Namen hat. Der Name »Ich bin, der ich bin« ist keine Definition vom Wesen Gottes, das ist keine philosophische Seinsaussage. Wenn Gott für dich eine philosophische Frage ist, wirst du sowieso nie dahinter kommen, wer hinter diesem Namen steckt. Gott hat uns seinen Namen nicht gegeben, damit wir darüber philosophische oder theologische Spekulationen anstellen. Er hat uns seinen Namen nicht gegeben, damit wir über ihn reden, sondern damit wir mit ihm reden, ihn anreden. Und da wir nicht mehr zur Zeit des Alten Testaments leben, brauchen wir Gott auch nicht mehr mit seinem hebräischen Namen anzureden. Inzwischen hat Gott uns einen anderen Namen gegeben, den Namen Jesus, von dem es in der Bibel heißt: »In keinem andern ist das Heil, ist auch kein anderer Name unter dem Himmel den Menschen gegeben, durch den wir sollen gerettet werden« (Apg 4,12). Und beim Propheten Joel steht: »Und es soll geschehen: Wer den Namen des Herrn anrufen wird, soll gerettet werden« (Joel 3,5).

Wenn du also sagst: »Jesus, hier bin ich«, bist du gerettet.

# Wasser bis zum Hals, aber trockene Füße

2.Mose 3ff

Manchmal ist es allerhand, was Gott den Menschen so zumutet, einzelnen und ganzen Völkern. Zum Beispiel dem Volk Israel. Israel, das auserwählte Volk Gottes, war in Ägypten in der Sklaverei. Mose, das auserwählte Werkzeug Gottes, hatte einen Ägypter erschlagen und war in der Wüste untergetaucht. Und jetzt, nach 40 Jahren, holt Gott ihn aus der Versenkung mit dem Auftrag: »Geh zum Pharao! Verlange Freiheit für Israel! Führe das Volk aus Ägypten!« Das ist ungefähr so, wie wenn Gott vor 15 Jahren zu einem exildeutschen Schafzüchter gesagt hätte: »Geh zum Erich Honecker! Verlange die Freiheit für die DDR-Bevölkerung! Er soll die Mauer öffnen und die Massen ziehen lassen!« Ein absolut unrealistischer Auftrag! Jedenfalls ist der Auftrag, den Mose erhält, ein politischer Auftrag.

## Jedenfalls steckt da ein Kloß im Hals

Manche sagen: »Die Kirche soll sich um den Himmel kümmern, um die Seelen und die alten Leute. Die Pfarrer sollen das reine Evangelium predigen, aber aus der Politik sollen sie sich um Gottes willen raushalten.« Mose soll sich nach Gottes Willen in die Politik einschalten. Er selber soll keine Politik machen. Gott will das machen. Er allein. Mose soll bloß mitmachen. Soll sich lediglich als Werkzeug zur Verfügung stellen. Selbstverständlich käme Gott auch ohne Mose zurecht. Er ist doch nicht auf Menschen angewiesen, gleich gar nicht auf so einen wie den. Auf diesen ehemaligen Meuchelmörder könnte er ohne weiteres verzichten, auf dich und mich sowieso. Er könnte. Er will aber nicht. Er will, um seinen Willen durchzusetzen, mit dir zusammenarbeiten. Ich weiß nicht wieso, aber es ist so: Gott braucht dich! Zum Beispiel braucht er dich, um deinen Kumpel zu retten. Selbstverständlich könnte Gott das schon irgendwie deichseln, dass der sich bekehrt, auch ohne dich. Aber nein, ohne dich tut er's nicht. Er braucht deine Mithilfe. Und deshalb, liebe Brüder von der frommen Kante, ist es nicht in Ordnung, wenn ihr hier als frommer Pulk busladungsweise anrollt, ohne eure ungläubigen Bekannten mitzubringen. Gott braucht dich als Zulieferer und Mitarbeiter! Sicher brauchte Gott bloß mit dem Finger zu schnippen, und schon müsste Pharao kuschen und Israel wäre in der nächsten Sekunde frei. Aber Gott schnippt eben nicht mit den Fingern wie so ein Zirkusdirektor, vor dem sie alle Männchen machen und springen müssen. Gott will keine Männchen, er will Mitarbeiter. Verantwortlich entscheidende Mitarbeiter. Die mit ganzem Herzen »Ja« zu Gottes Willen sagen und dann mit ganzer Kraft Gottes Willen tun. Deshalb schnippt Gott auch nicht mit dem Finger, bis Mose stramm steht. Mose wird nicht einfach abkommandiert, ihm wird nicht einfach ein Befehl an den Kopf geknallt und fertig. Gott will den Menschen nicht als Marionette, sondern als Mitarbeiter. Deshalb gewährt er dem Menschen das Mitspracherecht (Gott lässt mit sich reden) und das Streikrecht (Gott zwingt keinen zur Mitarbeit). Mose streikt. Erstens, weil er Angst vor dem Pharao hat. Mose geht die Muffe, weil er bei der Befreiungsaktion seinen eigenen Kopf riskiert. Er kennt die Brutalität des ägyptischen Unterdrückers. Er kennt das Leid des versklavten Volkes Israel. Er kennt den Auftrag Gottes, für

Wahrheit, Freiheit und Gerechtigkeit einzutreten. Aber mit Politik will er nichts zu tun haben. Sein Abendgebet lautet:

Lieber Gott, mach mich blind,
dass ich nicht die Wahrheit find'.
Lieber Gott, mach mich taub,
dass ich keinem mehr was glaub'.
Lieber Gott, mach mich stumm,
dass ich nicht ins Kittchen komm.

So ungefähr lautete jedenfalls das Abendgebet vieler, auch vieler christlicher, DDR-Bürger, die das Raushalten für die beste Art des Aushaltens hielten.

## Tyrannenschreck statt Stimme weg

Aber Mose sträubt sich nicht nur aus Angst gegen Gottes Pläne. Nein, er hat, zweitens, vernünftige, realpolitische Einwände:

1. Er ist seit 40 Jahren Schafhirt. Eine Schafherde anpläken, das kann er. Mit einem König in zierlicher Diplomatensprache verhandeln, dafür fehlt ihm die feine englische Art.
2. Schafhirten werden von Königen sowieso nicht empfangen.
3. Die schnappen ihn doch schon an der Grenze, spätestens beim Betreten des Palastes.
4. Das Volk, das er befreien soll, kennt ihn überhaupt nicht. Für die ist er ein Nobody.
5. Er kennt dort auch keinen.
6. Er hat keine organisierte Kampftruppe.
7. Er hat kein Geld für Bestechung usw.

Er hat nichts und ist nichts, also was soll's? »Eben deshalb bist du für mich der richtige Mann und sollst mein Mitarbeiter sein«, sagt Gott. »Ich verlange zwar von dir, dass du dich in die Politik mischst, aber ich verlange von dir nicht, dass du die üblichen politischen Methoden benutzt. Du brauchst keine Schlägertruppe, kein Geld, keine schwarzen Schweizer Konten, keine Waffen oder Geldspenden von Waffenhändlern, du brauchst nur eins: Vertrauen zu mir. Denn: ›Ich will mit dir sein‹« (2.Mose 3,12). Trotz dieser Zusage ist Mose nicht begeistert. Als Einzelner gegen eine straff organisierte Staatsmacht anzutreten, das ist ganz einfach Wahnsinn. Jeder vernünftige Mensch kann von vornherein sagen, dass das eine Pleite geben muss. Antwort Gottes: »Ich will mit dir sein.« Viermal weigert sich Mose, die Berufung anzunehmen. Immer wieder geht Gott auf den protestierenden Mann ein. Gott lässt mit sich reden! Zum Schluss bringt Mose sein Hauptargument: »Ich eigne mich nicht für den Job, weil ich nicht richtig reden kann. Ich bin Stottotterer.«

»Der Herr sprach zu ihm: Wer hat dem Menschen den Mund geschaffen? Habe ich's nicht getan? So geh nun hin: Ich will mit deinem Munde sein und dich lehren, was du sagen sollst. Mose aber sprach: Mein Herr, sende, wen du senden willst« (2.Mose 4,11). Da reicht's Gott. Er pfeift den Mose an: »Denkst du vielleicht, ich weiß nicht, dass du einen Sprachfehler hast? Aber ich weiß, dass du einen Bruder hast, den Aaron, der hat doch ein flottes Mundwerk. Mann, das hab ich doch alles längst bedacht und eingefädelt. Aaron ist schon unterwegs zu dir, und ich will euch lehren, was ihr tun sollt. Und er soll für dich zum Volk reden, er soll dein Mund sein« (2.Mose 4,15). Da endlich hält Mose den Mund und macht sich auf die Socken.

## Wer zuletzt lacht ...

Er trifft Aaron, sie gehen gemeinsam zum Pharao und sagen ihm: »So spricht der Herr, der Gott Israels: Lass mein Volk ziehen, damit es mir ein Fest halte in der Wüste« (2.Mose 5,1). Pharao: »Spielt sich nichts ab! Erstens kenne ich keinen Gott Israels. Zweitens hat der mir gar nichts zu befehlen, und drittens: Ihr habt wohl nicht alle Tassen im Schrank? – Ein Fest wollt ihr feiern? In der Wüste? Da wüsste ich was Besseres. Wisst ihr was? Euch geht's zu gut! Ihr habt nicht genug zu tun! Aber da kann ich euch helfen.« Und er erlässt sofort eine Anordnung: »Man drücke die Leute mit Arbeit, dass sie was zu tun haben und sich nicht um falsche Reden kümmern« (2.Mose 5,9). Mit der Freiheit war's also Essig. Stattdessen gibt's nur Ärger. Bisher bekam Israel für die Ziegelproduktion Lehm und Stroh geliefert. Ab sofort muss sich Israel das Stroh selber ranschaffen. Die Materiallieferung wird gesperrt, aber die Norm bleibt. Israel geht es schlechter als je zuvor. Das Volk mault gegen Mose, Mose mault gegen Gott: »Siehste, ich hab's ja gleich gesagt, dass das so nicht geht.« Alle sind sauer, außer Pharao. Pharao hat die erste Runde glatt gewonnen. Aber die letzte Runde entscheidet.
Die nächsten neun Runden enden unentschieden. Gott schickt nacheinander neun Plagen, von Hagel bis Heuschrecken, aber Pharao weigert sich stocksteif, den Ausreiseantrag Israels zu genehmigen. Erst bei der zehnten Runde ist Pharao k.o., und das kommt so: Gott lässt alle Erstgeburt in Ägypten sterben.
Dieses Strafgericht hat Gott vorher angekündigt. Er hat gesagt, dass das Gericht kommt, und er hat gesagt, wie man ihm entkommt. Die Israeliten sollen ein Lamm schlachten und das Blut dieses Lammes an ihre Türpfosten streichen. »Dann aber«, so sagt Gott, »soll das Blut eu-

er Zeichen sein an den Häusern, in denen ihr seid: Wo ich das Blut sehe, will ich an euch vorübergehen, und die Plage soll euch nicht widerfahren, die das Verderben bringt« (2.Mose 12,13).
In dieser Nacht sterben alle erstgeborenen Tiere und Menschen in Ägypten, aber Israel wird kein Haar gekrümmt. Es steht unter dem Schutz des Blutes. »Wo ich das Blut sehe, will ich an euch vorübergehen.« Was die damals erlebt haben, werden wir alle auch noch einmal erleben. Gott sagt dir, dass am Ende der Welt das Jüngste Gericht kommt. Und er sagt dir, wie du diesem Gericht entkommen kannst: durch das Blut von Jesus. Wenn du dir von ihm deine Sünden vergeben lässt. In der Bibel steht: »Das Blut von Jesus Christus macht uns rein von aller Sünde« (1.Johannes 1,7). Deshalb nennt die Bibel Jesus auch »das Lamm Gottes«, das die Sünden der Menschheit am Kreuz mit seinem Tod bezahlt hat. Dort hat Jesus wie so eine Art Blitzableiter die Strafe für die Sünde auf sich gezogen. Und wenn du dich unter sein Kreuz stellst, das heißt, wenn du glaubst, dass der Gekreuzigte an deiner Stelle sein Blut für dich vergossen hat, dann kann dich Zorn und Strafe Gottes nicht mehr treffen. Da, am Kreuz, hat das Gericht über die Sünde stattgefunden. Dort ist dein Fall erledigt worden. Wenn du das glaubst, wird dein Fall im Jüngsten Gericht nicht mehr verhandelt. Dann bist du frei, gerettet. »Das Blut soll euer Zeichen sein. Wo ich das Blut sehe, will ich an euch vorübergehen.«
Wenn du dich nicht unter den Schutz des Blutes von Jesus stellst, bist du verloren und empfängst das Urteil: ewiger Tod. Gott will das nicht! Gott will, dass du lebst! Jetzt, in diesem Leben, und in Ewigkeit nach diesem Leben mit ihm! Das steht ausdrücklich in der Bibel: »Gott will, dass alle Menschen gerettet werden« (1.Timotheus

2,4). Die Frage ist jetzt bloß noch, ob du willst. Willst du dich zu Gott bekehren? Heute hast du die Gelegenheit dazu!

## Wenn ich nur 'ne nette Kette hätte!

Pharao wollte nicht. Erst, als die Katastrophe passiert und die Erstgeburt getötet war, ändert er seine Meinung. Aber das war keine echte Bekehrung. Der hatte einfach Angst vor Gott. Angst ist zwar auch ein Bekehrungsmotiv, aber kein gutes. Gott möchte, dass du dich bekehrst, und zwar heute. Aber er möchte nicht, dass du dich aus Angst bekehrst. Gott hat dich doch lieb. Er hat dich geschaffen. Du bist ihm davongelaufen. Und da sagt er nun heute zu dir: »Komm wieder nach Hause!« Bekehrung heißt, du gehst einfach nach Hause. Gott gibt dir die Chance, aus der Sklaverei deiner Sünde rauszukommen. Brauchst dich nicht mehr kaputt zu saufen. Musst dich nicht mehr zu Tode schämen. Kannst heimkommen. Dein Leben kann wieder gut werden. Und aus der Nacht des Todes wirst du auferstehen zum ewigen Leben.

Noch in der Nacht, in der die Erstgeburt Ägyptens starb, beginnt der Freiheitsmarsch. Sechshunderttausend Israeliten, Frauen und Kinder nicht mitgerechnet, ziehen nach 430 Jahren Sklaverei in die Freiheit.

Seltsamerweise führt der Weg nicht unmittelbar nach Kanaan, in das verheißene Land, sondern direkt in eine Sackgasse. Denn statt nach Norden führt Mose das Volk auf Befehl Gottes nach Osten. Dann kommt ein neuer Befehl Gottes: Abschwenken nach Süden – also in die entgegengesetzte Richtung, in die man eigentlich wollte. Ist Mose verrückt geworden? Die ägyptischen Aufklärer beobachten den Zickzackkurs mit Behagen und melden dem Pharao: »Israel ist zu dämlich, den Weg zu finden.

Die eiern hin und her und verlaufen sich in der Wüste. Ihre Religion hat sie verblödet.« Darauf der Pharao: »Auf die Pferde, hinterher, wir holen Israel zurück.«

Damit sind die Israeliten geliefert. Vor ihnen die glühende Wüste, da müssten sie verhungern und verdursten. Links das Schilfmeer, da müssten sie ertrinken. Rechts das Gebirge, hinter dem Ägypten liegt. Und von hinten rückt das ägyptische Heer an. Israel sitzt in der Falle. Und was ist das für ein Gott, der sein Volk in so eine Situation hineinführt? Was ist das für ein Gott, der sowas zulässt? Es ist jedenfalls nicht der »liebe Gott«, der dafür zu sorgen hat, dass unser Leben ohne Probleme verläuft. Gott schaukelt seine Kinder nicht auf Schlaraffiamatratzen ins Paradies. Wenn du an Gott glaubst, musst du damit rechnen, dass du in Situationen kommst, wo dir Hören und Sehen vergeht und es nach menschlichem Ermessen keinen Ausweg gibt. Für Israel gibt es keinen Ausweg. Da dreht das Volk durch. Die Volksmassen protestieren gegen Gott und demonstrieren mit Sprechchören gegen Mose: »Warum hast du uns das angetan, dass du uns aus Ägypten geführt hast? Haben wir's dir nicht schon in Ägypten gesagt: Lass uns in Ruhe, wir wollen den Ägyptern dienen? Es wäre besser für uns, den Ägyptern zu dienen, als in der Wüste zu sterben« (2.Mose 14,11). Die Sprüche kenne ich! Sie sind bis heute im Osten Deutschlands zu hören von denen, die mit den Spielregeln einer freien Gesellschaft nicht zurechtkommen und sich nach dem geregelten Sklavendasein der DDR zurücksehnen. Man könnte in solchen Fällen zum Menschenverächter werden. Mose reißt sich ein Bein raus, um die Massen in die Freiheit zu führen, und plötzlich tun die so, als wäre ihnen die Sklaverei schon immer lieber gewesen als die Freiheit.

## Gottes Power – besser als 'ne Mauer

Mose geht auf diese idiotischen Reden gar nicht ein. Er kann ja verstehen, dass die durchdrehen. Der Weg in die Freiheit hat gerade erst angefangen, und da soll schon wieder Schluss sein? Denn jetzt, wo die geballte Macht des ägyptischen Staates anrückt, ist Sense, das sieht ein Blinder. So war das schon immer. Der Blick auf die Gewalt vernebelt den Blick auf Gott. Der Glaube schrumpft, was übrig bleibt, ist schlotternde Angst. In so einer Situation ist jedes Argumentieren sinnlos. Denn die Angst sitzt ja nicht im Kopf, wo die Argumente hinreichen, sondern tiefer. Sie sitzt im Herzen, wo nur der Glaube hinreicht. Mose argumentiert nicht. Er predigt. »Da sprach Mose zu dem Volk: Fürchtet euch nicht. Steht fest und seht zu, wie der Herr euch heute helfen wird. Denn wie ihr die Ägypter heute seht, werdet ihr sie niemals wiedersehen. Der Herr wird für euch streiten, und ihr werdet stille sein« (2.Mose 14,13f).

Diese Sätze gehören zu den schönsten der Bibel, und ich wünsche euch, dass ihr sie auswendig kennt, damit ihr sie euch vorsagen könnt, wenn ihr nicht mehr weiter könnt. »Fürchtet euch nicht, steht fest und seht zu, wie der Herr euch heute helfen wird. Der Herr wird für euch streiten, und ihr werdet stille sein« (2.Mose 14,14). Das ist Glaubensgewissheit. Mose sieht auch keinen Ausweg. Er weiß selber nicht, wie die Rettung möglich sein soll. Er weiß nur eins: Gott ist der Herr über jede Situation. Weißt du, es gibt Situationen, da kannst du nichts mehr machen und da sollst du auch nichts mehr machen. Lass Gott machen. Lass dich in seine Hände fallen. Lass das Jammern. Lass das Protestieren. Sei still und sieh zu, wie Gott dir helfen wird, und du wirst staunen. Denk an das Lied, das wir so oft singen:

Zweifle nur nicht, du wirst schon sehn.
»Der Herr wird für euch streiten und ihr werdet stille sein.« Da kommt auch schon der nächste Befehl Gottes an Mose: »Sag den Kindern Israel, dass sie weiterziehen« (2.Mose 14,15). Gott gibt manchmal Befehle, die sinnlos erscheinen müssen. Angesichts der Wirklichkeit wirkt Gottes Wort illusionär. Denn was heißt hier »weiterziehen«? Ja, du lieber Gott, wohin denn? Vielleicht ins Meer?
Genau! »Du aber hebe deinen Stab und recke deine Hand über das Meer« (2.Mose 14,16). »Als nun Mose seine Hand über das Meer reckte, ließ es der Herr zurückweichen durch einen starken Ostwind die ganze Nacht und machte das Meer trocken, und die Wasser teilten sich. Und die Kinder Israel gingen hinein mitten ins Meer auf dem Trockenen, und das Wasser war ihnen eine Mauer zur Rechten und zur Linken« (2.Mose 14,21). Nie werde ich vergessen, wie 1989 in der DDR die Freiheitsdemonstrationen losgingen. Erst hörten wir in der Kirche Gottes Wort und beteten, und dann gingen wir los. An den Straßenrändern stand stumm und bedrohlich die Polizei, und wir gingen, anfangs noch mit ängstlich eingezogenem Kopf, auf der Fahrbahn entlang. Bewaffnete zur Linken und zur Rechten, mittendrin und mittendurch das Volk, das in die Freiheit wollte.

## Auf und davon

Als das Volk Israel durch das Meer marschierte, sahen die Ägypter nicht friedlich zu. Sie rückten hinter ihnen her, blieben aber mit ihren schweren Streitwagen im Sand stecken, das Wasser flutete zurück und die gesamte Armee des Pharao ging baden und ward nicht mehr gesehen. »So errettete der Herr an jenem Tage Israel aus der Hand der Ägypter. Und sie sahen die Ägypter tot am Ufer des Meeres liegen. So sah Israel die mächtige Hand, mit der der Herr an den Ägyptern gehandelt hatte. Und das Volk fürchtete den Herrn, und sie glaubten ihm« (2.Mose 14,30). Das Wasser hatte ihnen bis zum Hals gestanden, aber sie standen mit den Füßen auf dem Trockenen.

Hab keine Angst und geh mitten durch's Meer.
Du hast sein Wort. Er geht selbst vor dir her.
Zweifle nur nicht, du wirst schon sehn.
Zweifle nur nicht, du wirst schon sehn.

Natürlich kommen jetzt wieder alle die Klugscheißer, die uns einreden wollen, das wäre gar kein Wunder gewesen, sondern das könnte man ja alles ganz natürlich erklären. Erstens hat die ganze Nacht ein starker Ostwind geweht. Und so wird ja auch heute argumentiert: Es waren weder die Gebete noch Gott, der die Mauer kippte, sondern es war Gorbi, der frischen Ostwind in die Politik brachte. Zweitens hat die Forschung festgestellt, dass sich der Wasserstand vom Roten Meer manchmal um 3,3 Meter verringert usw. Das sind die gleichen Leute, die 12 Stunden vorher geschworen hätten, dass es kein Entrinnen gibt und kein Gott und kein Mose hier noch helfen kann. Von diesen kleingläubigen Mäklern wollen wir uns genausowenig aus der Ruhe bringen lassen wie jene jungen Christen, die auf der Parkbank saßen und unseren Bibelabschnitt lasen. Als sie bei der Stelle sind, wo Israel durch das Meer geht, geht ein Gejubel los: »Halleluja! Preist den Herrn! Ein Wunder!« Kommt ein moderner Theologe vorbei. Einer von den Verkniffenen, die beim Lesen der Bibel immer nur die Stirne in Falten haben, weil die immer nur Probleme haben. Die noch nie beim Lesen der Bibel gejubelt haben, weil sie der Bibel unterjubeln, sie wäre gar nicht Gottes Wort, und die deshalb gar nicht verstehen,

warum andere da manchmal jubeln. Also unser Theologe bleibt stehen und fragt die jungen Leute, was das Halleluja-Gerufe soll. »Mann«, sagen die, »stell dir vor, das Wunder: Ein ganzes Volk wandert durchs Meer, das Wasser links und rechts wie eine Mauer!« Der Theologe lächelt mitleidig. Er sagt: »Liebe junge Freunde. Die Wissenschaft hat festgestellt, dass das Schilfmeer zur Zeit der Ebbe bloß 25 Zentimeter tief ist. Wenn das Volk Israel da durchgelaufen ist, war das kein Wunder, sondern ein Fußbad. Ihr könnt also euer Halleluja-Getöse einstellen.«
Ganz eingeschüchtert beugen sich die jungen Leute stumm über ihre Bibeln und lesen weiter. Der Theologe ist noch keine zwei Meter weiter, recken sie ihre Köpfe hoch, und es geht wieder los: »Halleluja! Preist den Herrn! Ein Wunder!« Der Theologe kommt zurück: »Was gibt's denn jetzt schon wieder zu preisen? Habt ihr's immer noch nicht kapiert: fünfundzwanzig Zentimeter Wasser – wo bleibt da das Wunder?« Darauf die jungen Leute: »Das ist es ja gerade! Hier, in den nächsten Versen, da steht ja ein noch viel größeres Wunder! Da steht, dass die ganze Armee Pharaos ersoffen ist, stellen Sie sich mal vor: in fünfundzwanzig Zentimeter Wasser! Ein Wunder! Halleluja!«

# Ein General geht baden

2.Könige 5

Ich erzähle euch heute von einem Mann, der heißt Naeman. Das ist kein Verwandter von mir, das klingt bloß so ähnlich. Also nicht Lehmann, sondern Naeman. Den könnt ihr schon deswegen nicht mit mir verwechseln, weil der erstens ein Syrer gewesen ist, zweitens hat er vor 3000 Jahren gelebt, und drittens war er von Beruf General. Also ich meine – ich in einer Generalsuniform, das wäre ja noch merkwürdiger, als wenn ich mir einen Talar angezogen hätte.
Also der Naeman war General, Oberbefehlshaber der syrischen Armee, ein erfolgreicher Feldherr, beliebt bei der Regierung und bei der Bevölkerung. Ein typischer Erfolgsmensch auf dem Höhepunkt seiner Karriere und auf seinem Bauch einen ganzen Blechladen schöner Orden.

## Brutales Erschrecken über Naemis Flecken

Eines Abends, als sich der General zu Bette begibt und seine Uniform auszieht, da entdeckt er auf der Haut seiner Heldenbrust ein paar hässliche Flecken. Er misst der Sache keine größere Bedeutung bei und denkt sich – na, so ein Mist, da hat sich vielleicht das Verdienstkreuz Erster Klasse etwas durchgescheuert, was da hängt. Er legt seine Uniform ordentlich auf den Stuhl und sich ebenso ins Bett.
Als er am nächsten Morgen wieder aufwacht, sind die hässlichen Flecken aber nicht verschwunden, sondern im

Gegenteil, es sind mehr geworden. Im Laufe der nächsten Tage entdeckt er überall an seinem Körper weitere solche hässlichen Flecken und schmerzende Beulen. Schließlich muss er sich die entsetzliche Tatsache eingestehen, dass er Aussatz hat. Aussatz, wir sagen heute »Lepra«, das ist was andres als ein bisschen Schnupfen oder Grippe, womit man schnell fertig wird. Zwei Aspirin, drei Multivit, schon ist der Kranke wieder fit. Der Aussatz, das war eine Krankheit zum Tode. Damals genau so unheilbar und unheimlich wie heute der Krebs.
Ihr wisst ja, was los ist, wenn ein Mensch Krebs hat. Das ist eine so furchtbare Krankheit, dass man sich oft gar nicht wagt, den Namen auszusprechen.
Und was heute der Krebs ist, das war damals der Aussatz. Wer diese Krankheit hatte, der wurde aus der Familie, aus dem Dorf, aus der Wohngemeinschaft ausgeschlossen, ausgesetzt, daher »Aussatz«. Der musste irgendwo draußen leben. Der hatte ein elendes Leben und vor allem ein elendes Sterben vor sich. Der Mensch verfault bei lebendigem Leibe. Das war also das Schicksal, das der General Naeman nun vor sich hatte. Was nützt ihm jetzt seine Armee, seine Beliebtheit, sein Reichtum? Für das alles, auch für diesen Plunderkram von Orden, kann er sich das nicht kaufen, was er jetzt am wichtigsten braucht: seine Gesundheit. Der General ist erledigt. Er ist ein Todeskandidat. Man kann sich vorstellen, wie sich diese Erkenntnis, dass er jetzt sterben muss, wie so eine Art Alpdruck auf das ganze Haus legt. Alle Hausbewohner sind mitbetroffen, vom obersten Kammerdiener bis runter zum letzten Dreckpumpel. Und grade der letzte Dreckpumpel, ein junges Mädchen, eine Sklavin, die bringt die große Wendung. Wir wissen von ihr nur, dass sie in irgendeinem der vielen Kriege zwischen Syrien und Israel (die pochen sich ja seit Tausenden von Jahren) gekidnappt worden ist.

Nun musste sie als Dienstmädchen in der Generalsvilla die Spucknäpfe reinigen. Wir wissen nicht mal ihren Namen, es ist ein namenloses, unbekanntes, unbedeutendes Geschöpf. Aber sie ist die Einzige im ganzen Hause, die den lebendigen Gott kennt, denn sie stammt aus Israel, dem einzigen damaligen Land, was den wahren Gott kannte.
Alle anderen Länder ringsum haben auch Götter gehabt, sogenannte »Götzen«. Götzen waren damals genau dasselbe wie heute die Weltanschauungen. Also das, was sich die Menschen zurechtmachen. Die Ideologien kommen und gehen, aber der wahre, lebendige Gott, der bleibt bestehen in Ewigkeit.

## Nur Ölgötzen können sich am Genöl ergötzen

Damals war es nun gerade große Mode, den Gott »Ramon« anzubeten. Ich könnte mir vorstellen, dass in dieser Kirche hier mindestens ein Dutzend Leute sind, die »Ramon« oder »Ramona« heißen. Und ich möchte wetten, dass ihr überhaupt nicht wisst, nach wem ihr benannt seid. »Ramon« war ein Wettergott. Das war der oberste Gott der Assyrer. Und weil die Syrer als ein kleiner Satellitenstaat völlig abhängig waren von den Assyrern, standen sie selbstverständlich auch auf dem Boden der assyrischen Weltanschauung. Auch der General Naeman stand auf der Weltanschauung des großen Bruders.
Nun wusste aber diese israelitische Sklavin, dass ein Götze, der »Ramon«, nicht helfen kann. Sie wusste, dass nur der lebendige Gott Israels einem Menschen wirklich helfen kann. Und weil sie das wusste, hat sie davon auch was erzählt. Sie wusste, dass zu Hause, in ihrem Land, noch ein Prophet dieses Gottes lebte. Als sie nun eines Tages zusammen mit der Generalsfrau beim Sauberma-

chen war und Frau General die Schrankwand abwischte und sie mit dem Staubsauger auf dem Perserteppich immer so hin und her fuhr, hat sie immer vor sich hin gesagt: »Ach, wenn doch der General den Propheten Elisa kennen würde, der könnte ihm helfen.« Die Frau General, wie sie das hört, zieht gleich den Staubsauger raus – sssss – ist es ruhig. »Was hast du da gesagt?« fragt sie. »Sag das noch einmal!«
Nun wiederholt sie: »Wenn doch der Herr General den Propheten Elisa kennenlernen könnte. Der könnte ihm helfen.« Mit dieser Bemerkung wird dieses junge Mädchen, eine Randfigur der Geschichte, plötzlich zu einer Schlüsselfigur. Ich denke, wir könnten von diesem Mädchen eine ganze Menge lernen. Sie hat als Sklavin an ihrem Glauben festgehalten, auch wenn die Mehrheit etwas ganz anderes glaubte. Das ist das Erste. In einem Land, wo eine völlig andere Weltanschauung herrschte, hat sie sich nicht gesagt: »Na, wenn die Mehrheit hier an den Ramon glaubt, dann werd ich das eben auch tun.« Sondern sie ist bei dem Glauben an ihren Gott geblieben.
Und sie hat zweitens in einem entscheidenden Augenblick vor den Vertretern einer ganz anderen Weltanschauung ein Bekenntnis abgelegt. Sie hat sich nicht gesagt: »Am besten ist, du hältst hier die Klappe und redest nicht von deiner Glaubensüberzeugung«, sondern sie hat davon gesprochen.
Und sie hat dadurch drittens einem anderen Menschen den Weg zum Leben gezeigt. Sie hätte sich ja sagen können: »Ach was, ein Kapitalistenschwein weniger auf der Welt, soll er abkratzen, der Boss.« Das hat sie nicht getan, sondern sie hat ihm den Weg zum Leben gezeigt.

## Generalstabmäßig gesprochen

Für jeden, der an Gott glaubt, kommt einmal der Augenblick, wo er einem andern Menschen den Weg zu Gott zeigen kann. Ihr lebt ja fast alle in einer atheistischen Umgebung und seid wahrscheinlich froh, dass ihr in so einer Kirche mit so vielen jungen Menschen zusammensein könnt. Aber morgen, da seid ihr wieder in eurer gewohnten Umgebung. Da sieht das alles ganz anders aus.
Und mancher von euch ist in seiner Klasse und in seiner Familie oder Firma vielleicht der Einzige, der an Gott glaubt. Du kommst dir in deiner atheistischen Umgebung vielleicht ganz einsam und verlassen und verloren vor und fragst dich, warum Gott dich so allein schmoren lässt. Dann denk doch mal an diese kleine Sklavin. Die war auch ganz alleine. Die hat vielleicht auch mit ihrem Schicksal gehadert. Die hätte lieber auch studiert an der Universität in Jerusalem, statt das Dienstmädchen zu spielen.
Aber jetzt stellt sich heraus, dass Gott sie brauchte. In ganz Syrien hatte Gott nur dieses eine Mädchen, um dem General den Weg ins Leben zu zeigen. Und wenn du dir auf deinem Posten vielleicht verloren vorkommst, dann möchte ich dir sagen: Ein Kind Gottes steht überhaupt nie auf einem verlorenen Posten. Sondern dort, wo du stehst, hat Gott dich hingestellt, damit du dort ein Zeugnis für ihn ablegst. Gott hat vielleicht in deiner Klasse und in deiner Firma und in deiner Schule oder wo du auch bist, nur dich, um einem anderen Menschen zu helfen.
Also pass auf, wenn für dich die Gelegenheit kommt und du den Schnabel aufmachen musst. Du brauchst dazu nicht erst Theologie zu studieren. Du musst nur erwarten, dass Gott dich gebrauchen will. Du kannst z.B., wenn du mit Leuten zusammen bist, die den Kanal voll haben und

aus irgendeinem Grund mit dem Leben nicht zurecht kommen, da kannst du doch sagen: »Du, das kenn' ich. Solche Probleme hab ich auch. Aber ich lös die so und so, weil ich an Jesus glaube.« Das Mindeste, was du sagen kannst, ist: »Geh doch mal zu einem Seelsorger, sprich dich aus und lass dir helfen.«
Bei uns in der Stadt sind zwei junge Männer, die fahren zusammen mit dem Auto; der eine ist der Fahrer, der andere der Beifahrer. Der Beifahrer war krank und hatte Depressionen und wurde immer kränker. Und eines Tages erzählt er dem Fahrer, er hätte an spiritistischen Sitzungen teilgenommen. So Geisterbeschwörung und so was. Der Fahrer sofort volle Klötzer auf die Bremse und sofort angehalten, und sagt: »Mensch, biste irre, wenn du sowas machst, kein Wunder, wenn du fertig bist. Du musst unbedingt mal mit einem Pfarrer sprechen. Ich fahr dich sofort zum Pfarrer Lehmann hin.« Also der hat mit Händen und Füßen abgewehrt. Er kam dann ein Vierteljahr später und konnte den Schritt ins Leben tun. Er verdankt es seinem Kollegen, der gesagt hat: »Weißte was, ich bring dich jetzt mal zu einem Pfarrer hin.«
Ich meine diesen Satz – das ist das Mindeste, was du zu einem Anderen mal sagen kannst. Du wirst doch nicht von dir behaupten, dass du zu weniger fähig wärst, als diese kleine Sklavin damals. Man muss manchmal lange warten, bis der richtige Moment kommt, aber wenn der Moment da ist, dann überwinde deine Schüchternheit und rede.

## Toller Typ – total taub

Zurück zu unserem General. Der greift den Hinweis dieses jungen Mädchens auf. Der wollte ja gesund werden. Er möchte leben, er möchte gerettet werden. Und er macht sich tatsächlich auf in das Land Israel. Aber so sehr er auch in der Klemme sitzt, er sitzt immer noch auf seinem hohen Ross. Er hält es nämlich als General für unter seiner Würde, in die Hütte vom Propheten Elisa zu gehen. Für ihn kommt überhaupt bloß das Schloss des Königs in Frage. Er hat dem König einen Haufen Geld mitgebracht, aber der König sagt: »Ich bin doch nicht Gott und kann dich nicht für 10 Zentner Silber wieder gesund machen.« Es gibt auch heute viele Menschen, die denken, man könne Gott bestechen. Wenn man viel in die Kollekte gibt, kriegt man das, was man gerne haben möchte. Gott ist nicht bestechlich. Dem kommt's nicht auf deine paar Piepen an: Er möchte dich, er will dein Herz, er will dich ganz haben. Gott sagt: »Wer mich von ganzem Herzen sucht, von dem will ich mich finden lassen.« Die Frage ist, ob du Gott in deinem Leben schon einmal von ganzem Herzen gesucht hast. Wenn nicht, dann wird es höchste Zeit, dass du es tust, denn dann ist vielleicht heute Abend für dich der Moment gekommen, wo du wirklich ernsthaft mal anfängst, Gott zu suchen, und dich an seinen Sohn Jesus Christus zu wenden. Bei dem bist du nämlich an der richtigen Adresse. Der ist bereit, aus dir ein Kind Gottes zu machen. Einen neuen Menschen. Für deine Rettung und dein neues Leben hat Jesus alles schon längst getan und erledigt, als er am Kreuz für dich gestorben ist.

Bloß wenn du zu stolz bist, dich vor dem Kreuz von Jesus zu beugen, dann bleibst du ein Aussätziger, dann bleibst du einer, der draußen steht. Außerhalb von Gottes Reich. Die Bibel sagt: Gott gibt den Stolzen Kontra, aber den Demütigen gibt er Gnade.

Der Naeman ist mit seinem Stolz bei dem König an der total falschen Adresse. Es gibt Probleme, mit denen kannst du dich nicht an deinen König wenden, an deine

Regierung oder an einen Arzt oder an einen Psychologen. Es gibt Probleme, für die gibt es nur eine einzige richtige Adresse, nämlich Gott selbst.
Das war nicht genug, dass der Mann bis nach Israel marschiert war und dann im Königspalast stand. Er sollte zur Hütte des Propheten gehen, das war der Auftrag. Und der Prophet, als er merkt, dass er angekommen ist und im Königshof steht, lässt einen Zettel rüberschicken in den Palast. Da steht drauf: »Lass den mal zu mir kommen, damit er merkt, dass ein Prophet im Lande ist.«
Nun fährt der General zu der Hütte des Propheten, aber er verkennt immer noch die Situation. Mit seiner ganzen Wagenkolonne donnert er vor dem Prophetenhäusel vor, steigt aber nicht etwa von der Staatskarosse runter, sondern bleibt oben sitzen und wartet nun, bis der Prophet katzbuckelnd aus seiner Hütte rausgekrochen kommt. Aber da kann er lange warten. Der Elisa denkt überhaupt nicht dran rauszugehen. Er schiebt bloß bisschen die Gardine beiseite und guckt da durch. Als er den arroganten Kerl auf dem Gefährt sitzen sieht, macht er die Gardine wieder zu, schickt seinen Diener raus und lässt durch den Diener dem General bestellen: »Mein lieber Mann, mein lieber Naeman, geh und wasch dich siebenmal im Jordan, dann wirst du gesund.«

## Hast du 'nen Schaden – im Jordan baden?

Aber da wird der General verrückt. »Kompanie kehrt«, brüllt er, und alles galoppiert wieder in Richtung Syrien. Unterwegs tobt der General sich so richtig aus. »Also das ist doch eine Unverschämtheit! Da macht man sich den ganzen Weg durch den Staub von Syrien nach Israel, und dann kommt dieser Knilch von einem Propheten noch nicht einmal aus seiner Bude rausgekrochen. Ich habe gedacht, der hält für mich einen kleinen Feldgottesdienst ab oder hätt' doch wenigstens ein kleines Gebetlein sprechen können oder mir die Hände auflegen. Und stattdessen muss ich mir von diesem Typen sagen lassen, ich soll mich im Jordan baden. Als ob wir zu Hause in Syrien nicht auch Wasser hätten, viel besseres als diese dreckige Jordanbrühe! Und dann überhaupt, noch siebenmal untertauchen, Köpfchen in das Wasser, der weiß wohl nicht, wen er vor sich hat!«

Doch, der Elisa wusste ganz genau, wen er vor sich hatte: einen eingebildeten, stolzen Menschen, der es gewöhnt war, sein Leben lang bedingungslosen Gehorsam zu verlangen von seinen Untertanen, aber der nicht bereit war, Gott bedingungslos zu gehorchen. Die Bedingung, die Gott ihm gestellt hat, war ja nun wirklich nicht schwer. Gott verlangt nichts Unmögliches. Weder von dir, noch von irgendeinem Menschen, auch nicht von diesem General. Ich mein', sich waschen und bis sieben zählen, na, das wird der General wohl noch gekonnt haben. Jedes Kind kann sowas. Aber das war ja gerade das Problem: Dem General war das zu einfach, sich siebenmal im Jordan zu waschen.

Wenn der Elisa von ihm verlangt hätte, er soll sein ganzes Vermögen weggeben und den Armen spenden; der General hätte alles hingegeben. Der hätte doch alles bezahlt, um seine Gesundheit zu bekommen. Nur eins, das gab er nicht auf, und das war sein Stolz. Als oberster Befehlshaber der syrischen Armee im Angesicht der eigenen Soldaten sieben Kniebeugen im Jordan machen wie so eine Ente, dazu war er nicht bereit.

Du möchtest vielleicht auch etwas von Gott haben: Gesundheit oder einen Studienplatz oder eine Freundin, und du bist bereit, Großes dafür zu tun, ein Opfer zu bringen, meinetwegen vor einer großen Menschenmenge hier

oder vor deiner Klasse einmal ein Zeugnis abzulegen. Ja, das weiß ich nicht, ob Gott sowas von dir verlangt. Der verlangt von dir, dass du, und zwar ohne viel Aufhebens zu machen, dem Schwächeren in deiner Klasse hilfst.
Er verlangt von dir, dass du der kranken Frau bei dir im Haus die Hausordnung machst, auch wenn du dir deine Gymnasiastenhändchen ein bisschen schmutzig machst. Vielleicht verlangt er von dir, dass du dich endlich mal entschuldigst bei deiner Frau für die blöde Bemerkung, mit der du ihr weh getan hast. Du sagst jetzt vielleicht: »Also, das weiß ich alles schon von selber, wegen solcher primitiven Ratschläge komm ich nicht hierher in die Kirche. Und überhaupt erwarte ich von einem Doktor der Theologie ein paar höhere Gedanken.« Also bis du mal paar höhere Gedanken von mir zu hören kriegst, da musst du wirklich ziemlich lange warten. Im Gegenteil, ich sage dir: Hör mal auf mit deinen großartigen Ideen und Gedanken! Geh lieber mal einen einzigen Schritt der praktischen Nächstenliebe! Gib mal dein frommes niveauvolles Geschwätz auf und begib dich dafür ein einziges Mal unter dein Niveau! Und wenn du sagst, du hast dich bei deiner Frau entschuldigt und sie ist immer noch eingeschnappt, dann musst du dich eben noch mal bei ihr entschuldigen. Und vielleicht noch einmal, und, ich weiß nicht wieviel, noch mal, bis Frieden zwischen euch und zwischen dir und Gott ist. Gott erwartet doch von dir gar keine großartigen Aktionen. Er erwartet von dir ganz normale, kleine, alltägliche Handlungen. Gehorsam in kleinen Dingen.

**Kräftige Kühlung durch Jordan Spülung**

Von Naeman werden lediglich sieben Kniebeugen verlangt. Das ist alles. Und gerade diese Kleinigkeit, die fällt dem Naeman so schwer. Weil es für den Menschen nun

mal nichts Schwereres gibt, als seinen Stolz aufzugeben. Es gibt Leute, die brauchen dazu Jahre, und manche schaffen das nie. Manche gehen ein Leben lang mit dem Gesangbuch in die Kirche und fahren am Schluss mit Karacho in die Hölle, weil sie es nicht fertiggebracht haben, ihnen Stolz aufzugeben.
Der Naeman ist am Schluss doch so weit. Er hat paar gute Freunde um sich, die reden ihm zu, die sagen: »Hör mal zu, Naeman, wenn du schon mal hier bist, nun reagier dich mal ab, tob dich mal aus. Jetzt denk mal ruhig nach. Du könntest es doch mal probieren. Es ist nicht viel, was der Prophet verlangt hat von dir. Du könntest es doch mal tun.« Das ist schön, wenn man solche Freunde hat. Ihr seid ja auch hier in der glücklichen Lage, dass ihr solche Freunde habt: Jörg und mich und die Mitarbeiter mit den Plaketten. Wir möchten euch sagen: »Wenn du schon hier bist, warum willst du es nicht wenigstens mal probieren mit dem Angebot, das Gott dir macht?«
Der Naeman ist schließlich soweit. Er hält an. Er steigt aus. Er steigt runter an das Ufer des Jordan, und vor seinen grinsenden Soldaten zieht er seine herrliche Paradeuniform aus, so dass sie alle seinen hässlichen, von Beulen entstellten Körper sehen können. Und nun taucht er im Jordan tatsächlich unter. Einmal, und zweimal und dreimal – und er sieht nichts – und viermal und fünfmal – und er fühlt nichts, aber er soll ja nichts fühlen, er soll ja glauben – und sechsmal und siebenmal – und als er beim siebenten Mal hochkommt, da ist er gesund und rein.

## Lieber erneuert als bescheuert

Und nun sagt er noch einmal: »Ganze Abteilung kehrt!«, und es geht zurück zu dem Propheten und zu dem sagt er nun folgenden Satz: »Jetzt weiß ich, dass kein Gott ist in allen Ländern außer in Israel« (2.Könige 5,10). Und er zieht auch daraus sofort die Konsequenz: »Ich will nicht mehr anderen Göttern opfern und Brandopfer darbringen, sondern allein dem Herrn« (2.Könige 5,17).

Zu dieser Erkenntnis, zu diesem Wissen – »Nun weiß ich, dass es nur einen Gott gibt« – ist er nicht durch Nachdenken oder Philosophieren oder Diskutieren oder Studieren gekommen, sondern durch Gehorchen. Die Rettung, die innerliche und äußerliche Rettung dieses Mannes begann in dem Moment, als er Gott gehorchte. Und es gibt auch für dich keinen anderen Weg der Rettung. Gehorche Gott! Tu das, was er sagt! Und dann wirst du erfahren, dass es die Wahrheit ist, die er sagt. Und das wird dein Leben verändern. Dadurch, dass er gehorchte, ist aus dem Götzenanbeter ein Gottesanbeter geworden. So ist aus dem Lager einer gottlosen Weltanschauung einer übergetreten in das Reich Gottes. Und was damals im alten Syrien möglich war, das ist heute in unserer modernen Gesellschaft genau so möglich. Deswegen, weil der Gott, der damals gehandelt hat, auch heute noch handelt. Weil er derselbe ist.

Gott holt seine Leute heute überall aus allen Lagern der Religionen und Weltanschauungen heraus, und bildet sich sein Volk. An jedem Tag bekehren sich in der Welt ca. 55.000 Menschen. Und zu den 55.000 des heutigen Tages werden bestimmt auch einige dazu gehören, die hier in dieser Kirche sitzen. Nämlich alle die, die bereit sind zu sagen: »Herr Jesus, ich hab' bis jetzt ganz falsch gelebt. Ich möchte ein neues Leben anfangen, und ich möchte es von dir haben. Bitte nimm mich an als dein Kind.«

Du sagst jetzt vielleicht, dass du als gebildeter und moderner Mensch nicht einen anreden kannst, der vor 2000 Jahren an einem Kreuz gestorben ist. Ich will dir mal was sagen: Das hat mit Vernunft oder Unvernunft nichts zu tun.

Der Naeman hat sich doch nicht aus Vernunftgründen gegen das Untertauchen gewehrt, sondern der Stolz hat ihn daran gehindert. Und wenn du nicht an Gott glauben kannst, dann liegt das nicht daran, dass du so ein moderner und gebildeter Mensch bist, sondern das liegt daran, dass du so ein eingebildeter und stolzer Mensch bist. Ich bin auch ein gebildeter Mensch, und ich bilde mir ein, ich bin auch ein vernünftiger Mensch. Aber noch nie hat Gott von mir verlangt, ich müsste meinen Verstand und meine Vernunft aufgeben, und er verlangt es von dir auch nicht. Er verlangt nur, dass du deinen verdammten Stolz aufgibst! Und dann bist du in. Denn der Glaube, liebe Freunde, der fängt nicht dort an, wo dein Verstand aufhört, sondern der fängt dort an, wo dein Stolz aufhört.

ISBN 978-3-7615-3718-3

Theo Lehmann
Mensch, wenn Du wüsstest

Theo Lehmann

# Mensch, wenn Du wüsstest

aussaat

Neukirchener Verlagsgesellschaft mbH

**www.nvg-medien.de**
Umschlaggestaltung: Andreas Sonnhüter, Düsseldorf, unter
Verwendung eines Fotos © von iStockphoto.com
Satz: Breklumer-Print-Service, Breklum
Druck: Fuck Druck, Koblenz
Printed in Germany
ISBN 978-3-7615-5690-0

# Inhalt

# Vergiss den ganzen Schwindel!

Johannes 11,1–45 14. April 1991

Tünnes und Scheel liegen im Schützengraben. Es ist Feuerpause. Es weht ein leises Lüftchen. Da sagt der Tünnes zum Scheel: »Scheel, bist du tot?« »Nee, warum?« »Du stinkst so.«

Alle Witze und flapsigen Bemerkungen über den Tod haben nur eines im Sinn: die unerträglich harte Wirklichkeit des Todes zu entschärfen. Wer tot ist, stinkt. Das Härteste am Tod ist, dass er unausweichlich alle trifft. Alle Menschen wissen, dass sie sterben müssen. Und fast alle wissen, dass mit dem Tod nicht alles aus ist. Irgendwas bleibt, irgendwas kommt, irgendwas ist nach dem Tod noch da oder passiert noch – das ahnen fast alle Menschen.

In diesem Jahr fand eine Ausstellung über Totengebräuche statt. Da hat sich herausgestellt: In der gesamten Menschheitsgeschichte gab es noch nie eine Kultur, eine Religion, eine Zeit ohne einen Glauben an ein Weiterleben nach dem Tod. Die einzige Ausnahme bildet das putzige Völkchen der Atheisten, im Vergleich zur übrigen Menschheit eine winzige Minderheit. Die Atheisten glauben: mit dem Tod ist Sense. Ansonsten hat gerade in unserer Zeit der Glaube an ein Weiterleben nach dem Tod Hochkonjunktur und Erfahrungsberichte »ehemals Toter« sind Bestseller. Viele, wie die Anthroposophen oder wie die Nina Hagen, glauben an die Reinkarnation, die Seelenwanderung. Die sind davon überzeugt, dass sie früher schon mal auf dieser Erde gelebt haben, als irgendjemand

anderes. Also: Ich war im Mittelalter der Pfarrer von Mantua und bin jetzt Fahrer von Manta. Ich war Helferin in der Frauenabteilung von Irrsinnigen und bin jetzt Frau Hella von Sinnen. Ich war Mönch in Tibet und bin jetzt Maus in Theos Bett. Diese Lehre von der Seelenwanderung stammt aus Indien, aus dem Hinduismus. Dort gilt die Seelenwanderung als Strafe. Bei uns, besonders durch die Beatles und durch das Musical Hair bekannt gemacht, gilt sie mehr als Belohnung. In jedem Fall gilt: Die Lehre von der Seelenwanderung ist ein großer Betrug, ein tödlicher Irrtum, eine gefährliche Irrlehre.

**Hauptsache gerettet!**

Der ganze Reinkarnationsschwindel wird durch einen einzigen biblischen Satz aus den Angeln gehoben. Der Satz steht im Hebräerbrief 9,27, dort sagt die Bibel: »Es ist den Menschen bestimmt, einmal zu sterben, danach aber das Gericht.« Das ist nun aber ein Gedanke, der für viele noch schwerer zu ertragen ist als der Gedanke an den Tod. Denn wenn es wirklich ein Gericht gibt, wenn unser Leben noch einmal durchgecheckt wird, wenn wir für alles, was wir getan oder unterlassen haben, vor Gott Rechenschaft geben müssen, dann müssten wir uns ja jetzt darauf einstellen. Dann müssten wir ja unser ganzes Leben immer im Blick auf dieses Gericht führen. Dann müsste unser oberster Grundsatz nicht heißen »Hauptsache gesund«, sondern »Hauptsache gerettet«. Dann müsste die wichtigste Frage nicht lauten: »Wie kriege ich mein Leben möglichst gut hin?«, sondern »Wie kriege ich es hin, dass Gott im Gericht gut zu mir ist? Wie kriege ich einen gnädigen Gott?«
Und tatsächlich ist das die wichtigste Frage des Lebens, denn dein Leben endet vor Gott. Weil aber viele Men-

schen dem Ernst dieser Frage nicht standhalten wollen, weil sie sich vor Gott nicht verantworten wollen, weil sie den Gedanken an ein Gericht nicht wahrhaben wollen, haben sie sich die verschiedensten Tricks ausgedacht, um den Tod zu verharmlosen. Die neueste Masche ist das Gerede vom »schönen Tod« bei den New-Age-Fans. So hat es in den letzten Jahren eine Flut von Büchern gegeben, in denen Menschen, die angeblich klinisch tot waren, ihre Erlebnisse von drüben erzählen. Die reden aber nicht von einem ernsten Gericht, sondern von einem hellen Licht: Die meisten dieser Berichte laufen nach dem gleichen Schema ab, ich lese euch mal einen vor:

»Ich fand mich im Dunkeln, im Innern eines spiralförmigen Tunnels ... Weit am Ende des Tunnels ... sah ich ein helles Licht. Da begann jemand zu mir zu sprechen ... Er begann, mir den Sinn des Lebens zu erklären ... Ich wusste nun alles und durch die Kenntnisse ... wurde mir unbeschreiblich leicht zumute. Denn sie erfüllten mich mit Frieden und Glück.«

Dazu möchte ich zweierlei sagen: erstens, dass es diese Erfahrungen – positive und negative – subjektiv wirklich gibt, ist nicht zu bestreiten. Zweitens, es ist aber zu bestreiten, dass es sich hier um Erfahrungen von Menschen handelt, die tot waren. Tot ist einer, wenn er nicht mehr reanimiert, also wiederbelebt werden kann. Wer solche Stories vom Lichttunnel erzählt, ist aber ein Reanimierter. Der war also gerade nicht tot, sondern nur dem Tode nahe. Das ganze New-Age-Geschwafel vom »schönen Tod« ist Larifari, harmonischer Zuckerguss, der den schrecklichen Tod versüßen und verkleistern soll, die Wirklichkeit ist anders. Die Bibel beschreibt sie in ihrer nüchternen Härte mit einem Satz: »Es ist den Menschen bestimmt, einmal zu sterben, danach aber das Gericht.« Das ist eine eiserne Regel und du tust gut daran, dich danach zu richten.

## Keine Regel ohne Ausnahme

Nun sagt aber das Sprichwort: »Keine Regel ohne Ausnahme.« Tatsächlich berichtet uns die Bibel einige solcher Ausnahmen, wo Menschen, die tot waren, wieder lebendig geworden sind – für kurze Zeit (sie sind später ja wieder gestorben), aber immerhin. Den krassesten Fall dieser Art erzähle ich euch heute. Ihr könnt das nachlesen im Johannesevangelium, Kapitel 11. Es geht los mit Vers 1: »Es lag aber einer krank ...« Dieser Satz bezieht sich auf einen ganz bestimmten Menschen. Wir kennen seinen Namen: Lazarus. Wir kennen den Namen seiner Schwestern: Maria und Martha. Wir kennen den Namen seines Wohnortes: Bethanien, eine halbe Stunde von Jerusalem entfernt. Aber diesen Satz »Es lag einer krank« kann man auch ganz allgemein auf die Menschheit beziehen. Überall, wo Menschen sind, ist jemand krank. Heute muss man sogar sagen: nicht nur einzelne Menschen sind krank, sondern ganze Völker, ja die ganze Menschheit. Die Probleme wachsen uns über den Kopf, alles wird immer schwieriger, immer mehr Menschen haben den Eindruck: Es geht alles kaputt und das Weltende steht bevor.

## Da lass mal den Mechaniker ran

Nun sagt aber die Bibel, dass Gott die Welt liebt. Und deshalb wenden wir Christen uns immer wieder an Gott mit der Bitte: Komm, hilf. Aber wir haben immer wieder den Eindruck: Er kommt nicht. Er hört nicht. Er hilft nicht. So ging es den beiden Frauen Martha und Maria. Ihr Bruder ist krank. Und weil sie wissen, dass er mit Jesus eng befreundet ist, schicken sie an den eine Botschaft, Vers 3: »Herr, siehe, der, den du liebhast, liegt krank.« Mehr sagen

sie nicht und mehr ist auch nicht nötig. Unter Freunden braucht man nicht viele Worte.

Georg Danzer sagt: »Für mich ist ein Freund ein Typ, mit dem ich unter dem Auto liege und die Hand ausstrecke, und es liegt – ohne dass ich noch sagen muss: ›Den Dreizehner bitte‹ – der Dreizehner-Schraubenschlüssel in meiner Hand.«

So ein Freund ist unser Jesus. Maria und Martha müssen nicht erst umständlich erklären: »Mach bitte einen Krankenbesuch, hilf dem Lazarus.« Die sagen nur: »Dein Freund ist krank.« Sie wissen, dass Jesus weiß, was er zu tun hat. Sie strecken sozusagen nur die Hand aus.

Es ist nicht nötig, dass du in deinen Gebeten viele und große Worte machst. Es genügt, wenn du die Hand ausstreckst, wenn du an Jesus eine kurze Botschaft loslässt. Und es ist absolut unnötig, ihm etwa konkret vorzuschreiben, wie er dir helfen soll. Du liegst sozusagen unter dem kaputten Auto. Du leidest unter einem Problem, das dich belastet, dich bedrückt. Du hast nicht den Durchblick. Jesus hat den Überblick. Er steht über dem Problem. Er hat den Schlüssel zu deinem Problem. Aber das ist nicht immer der Dreizehner! Manchmal heißt der Schlüssel zu deinem Problem: 14 Tage warten. 17 neue Versuche starten. 21-mal vergeben oder, was meistens die Lösung ist, noch mal von vorn anfangen, neu geboren werden. Beten heißt nicht, Jesus vorschreiben, wie er helfen soll. Beten heißt: die Hand ausstrecken und warten, dass er handelt.

## Es geht hart auf hart

»Der, den du liebhast, ist krank.« Das ist das ganze Gebet, die ganze Botschaft. Die beiden Frauen machen Jesus also keine Vorschriften und auch keine Vorwürfe, so wie die Leute, die, sobald sie krank werden, Gott vorwerfen:

»Das nennst du Liebe? Wenn du diese Krankheit zulässt, dann kannst du mich ja gar nicht lieben.« Die beiden zweifeln nicht an Gottes Liebe, im Gegenteil, sie berufen sich darauf: »Der, den du liebhast, ist krank.«
Ich habe mir auch schon x-mal den Vorwurf anhören müssen: »Es gibt Leid, Krankheit und Schmerzen – das ist der Beweis, dass es Gottes Liebe nicht gibt, ja dass es gar keinen Gott gibt.« Solche Gedanken werden nicht nur von ungläubigen Spöttern geäußert. Wenn du dich vor Schmerzen auf deinem Bett krümmst oder am Bett eines Sterbenden stehst, den du nicht hergeben möchtest, dann hast du genau die gleichen Gedanken. Du musst dich deswegen nicht schämen. Es gibt teuflische Schmerzen, die bringen manchen Glauben zum Schmelzen. Aber du musst wissen: Es ist immer der Teufel, der dich an Gottes Liebe zweifeln lässt. Ich kann dir nur raten: Halte dich an dem fest, was Gott sagt, und er sagt: »Ich habe dich schon immer geliebt.« Jesus liebt dich, auch wenn du krank bist. Jesus liebt dich, auch wenn du arbeitslos, heimatlos, hoffnungslos bist. Jesus hört dein Gebet, auch wenn er es anders beantwortet, als du denkst.

## Ganze Kompanie kehrt

Als das Gebet der Schwestern vom Lazarus bei Jesus ankam, war Jesus weit weg. Sein Ziel war: möglichst weit weg von Bethanien. Aus der Gegend kam er nämlich gerade und dort hatten sie gerade zweimal versucht, ihn zu steinigen. Steinigen heißt: von einer fanatischen Volksmenge auf offener Straße mit Steinen zusammengeschossen werden – wie ein räudiger Hund. Wenn das die Leute mit dir machen wollen, dann weißt du, was Todesangst ist. Was Todesangst ist, das wusste Jesus schon, bevor sich Lazarus aufs Krankenbett legte. Denke nicht, dass Je-

sus deine Angst nicht kennt. Er hat sie längst vor dir am eigenen Leibe kennengelernt. Der Todesgefahr war er gerade entwischt. Da trifft ihn die Nachricht: Dein Freund Lazarus ist krank. Also auf deutsch: Komm zurück nach Bethanien! Wir warten auf dich! Jesus stoppt seine Flucht, kehrt aber nicht sofort um, sondern wartet erst mal zwei Tage. Als er dann seinen Jüngern mitteilt: »Kommando kehrt! Alles zurück nach Bethanien!«, gehen die natürlich auf die Barrikaden, Vers 8: »Vor kurzem erst wollten sie dich dort steinigen, und jetzt willst du wieder dorthin?« Das ist ja glatter Selbstmord!

**Ein Ende in alle Ewigkeit?**

Jesus lässt sich nicht beirren. Es geht ihm ja nicht darum, sich selber vor dem Tod zu retten, sondern Lazarus vom Tod zu retten. Denn er weiß inzwischen, dass Lazarus gestorben ist. Woher, weiß ich nicht. Er weiß es eben. Und das möchte er den Jüngern schonend beibringen, indem er sagt, Vers 11: »Lazarus, unser Freund, schläft, aber ich gehe hin, ihn aufzuwecken.« Darauf die Jünger: »Einwandfrei! Wenn er schläft, wird's bald besser mit ihm. Schlafen ist gesund.«
Es ist üblich, vom Sterben als vom Einschlafen zu reden. Das klingt nicht so brutal, das ist irgendwie freundlicher. Wir haben es mit dieser Verschleierung zur Meisterschaft gebracht. Im Golfkrieg zum Beispiel sah man nur Raketen durch die Luft sausen, dann gab's einen Feuerball, aber die Kinder, denen das den Kopf abgerissen hat, sah man nicht. Es hieß nur, es habe Verluste an Material und Menschen gegeben. Aber ab einem gewissen Zeitpunkt kann man die Wahrheit über den Tod nicht mehr in zarte Worte kleiden. Als die Jünger nicht kapieren, dass Jesus nicht vom Mittagsschlaf, sondern vom Tod spricht – Vers 14 –,

»da sagte es ihnen Jesus frei heraus: Lazarus ist gestorben«. So, da war's raus. Und jetzt Rückmarsch nach Bethanien und dort stellt sich heraus: Lazarus liegt schon seit vier Tagen unter der Erde. Die Tür zu seinem Grab ist schon seit vier Tagen verschlossen. Hier passt kein Dreizehner-Schlüssel. Hier ist alles zu spät.
Verse 20–27: »Als Martha nun hörte, dass Jesus kommt, geht sie ihm entgegen; Maria aber blieb daheim sitzen. Da sprach Martha zu Jesus: Herr, wärest du hier gewesen, mein Bruder wäre nicht gestorben. Aber auch jetzt weiß ich: Was du bittest von Gott, das wird dir Gott geben. Jesus spricht zu ihr: Dein Bruder wird auferstehen. Martha spricht zu ihm: Ich weiß wohl, dass er auferstehen wird – bei der Auferstehung am Jüngsten Tage. Jesus spricht zu ihr: Ich bin die Auferstehung und das Leben. Wer an mich glaubt, der wird leben, auch wenn er stirbt; und wer da lebt und glaubt an mich, der wird nimmermehr sterben. Glaubst du das? Sie spricht zu ihm: Ja, Herr, ich glaube, dass du der Christus bist, der Sohn Gottes, der in die Welt gekommen ist.«

## Ohne Glaube läuft gar nix

Glaubst du das? Das ist die entscheidende Frage auch für dich. Glaubst du, dass Jesus der Sohn Gottes ist? Wenn du das glaubst, dann hast du keine Schwierigkeiten zu glauben, dass Jesus Wunder tut, ja dass er Tote auferweckt, in deinem Leben Wunder tut, dein Leben, das dich anstinkt, neu machen kann.
Wenn du nicht glaubst, dass Jesus der Sohn Gottes ist, sondern nur ein guter Mensch oder Freund, dann bröckelt dein übriger Glaube dahin wie eine einstürzende Brücke, der man den tragenden Pfeiler weggerissen hat. Wenn du nicht glaubst, dass Jesus der Sohn Gottes ist, bist

du kein Christ. Alles dreht sich um diese eine Frage: Glaubst du das?

Martha sagt: Ja, Herr, ich glaube. Dann kommt Maria dazu. Als Jesus sieht, wie sie heult und die anderen alle mit ihr, da packt ihn der Zorn über die Gemeinheit des Todes, über das Getöse, das die Menschen deswegen machen. Jetzt kommt Jesus in Fahrt, er fährt sie an, Vers 34: »Wo habt ihr ihn hingelegt? Sie antworteten ihm: Herr, komm und sieh es!« Und nun tritt Jesus an das Grab seines Freundes, und da kommen auch ihm die Tränen. Er ist eben nicht nur wahrer Gott, der über allen Dingen steht, sondern auch wahrer Mensch, der in allen Dingen mit uns leidet.

## Und als Zugabe noch'n bisschen Leben

Und wieder packt ihn der Zorn, er tritt ans Grab, eine Höhle, vor die ein Stein gelegt ist, und sagt, Verse 39–45: »Hebt den Stein weg. Spricht zu ihm Martha, die Schwester des Verstorbenen: Herr, er stinkt schon; denn er liegt seit vier Tagen. Jesus spricht zu ihr: Habe ich dir nicht gesagt: Wenn du glaubst, wirst du die Herrlichkeit Gottes sehen? Da hoben sie den Stein weg. Jesus aber hob seine Augen auf und sprach: Vater, ich danke dir, dass du mich erhört hast. Ich weiß, dass du mich allezeit hörst; aber um des Volkes willen, das umhersteht, sage ich's, damit sie glauben, dass du mich gesandt hast. Als er das gesagt hatte, rief er mit lauter Stimme: Lazarus, komm heraus! Und der Verstorbene kam heraus, gebunden mit Grabtüchern an Füßen und Händen, und sein Gesicht war verhüllt mit einem Schweißtuch. Jesus spricht zu ihnen: Löst die Binden und lasst ihn gehen. Viele nun von den Juden, die zu Maria gekommen waren und sahen, was Jesus tat, glaubten an ihn.«

## Aber eines Tages wird klar Schiff gemacht

Glaubst du das? Für die Menschen des 18. Jahrhunderts war dieses Kapitel ein rotes Tuch. Sie waren dafür zu aufgeklärt. Einer der berühmtesten Philosophen von damals, Baruch Spinoza, hat gesagt, er würde sein ganzes System drangeben, wenn er das glauben könnte. Na und du? Lebst du geistig immer noch in der Vorstellungswelt des 18. Jahrhunderts? Hängst du immer noch am philosophischen System eines Marx aus dem 19. Jahrhundert? Oder hängst du im New-Age-Denken des 20. Jahrhunderts? Niemand kann uns sagen, ob es noch ein 21. Jahrhundert geben wird. Aber die Bibel sagt uns, dass es eine Auferstehung geben wird. Irgendwann, am Jüngsten Tag, wenn Jesus wiederkommen wird, wird auf den Friedhöfen aufgeräumt. Als erstes wird er seine Freunde, die Christen, aus ihren Gräbern rufen. Wirst du dabei sein? Die anderen müssen natürlich auch alle raus. Beim Morgenappell zur Ewigkeit kann keiner einfach in der Koje liegen bleiben, als ob ihn die Gerichtsposaune nichts anginge. Gelupft werden alle, und dann kommt für alle das Gericht. Die einen dürfen ihre Ewigkeit mit Jesus verbringen – das ist der Himmel. Die andern müssen ihre Ewigkeit ohne Jesus verbringen – das ist die Hölle. Und wo wirst du deine Ewigkeit verbringen?

## Und nun zum Standpunkt deines Lebens

Ich erzähle hier keine kitzligen Friedhofsgeschichten, um dich auf das Science-Fiction-Programm des heutigen Fernsehabends einzustimmen. Ich erzähle dir die Geschichte von der Auferweckung des Lazarus, um dich auf deine Auferstehung vorzubereiten. Ich mache mir nicht die Mühe, dir das Wunder der Totenauferstehung zu er-

klären, denn da gibt's nichts zu erklären. Ich mache dich nur noch darauf aufmerksam, dass Lazarus keine Stories ablässt, wie es drüben war nach seinem Tod. Wir erfahren nicht, ob er irgendwas gehört oder gesehen hat. Das einzige, was wir erfahren, ist, dass er gehörig gestunken hat, weil er schon vier Tage in der Kiste gelegen hatte. Ob vier Tage Verwesung oder 40, ob 400 Jahre oder 4000 – für Jesus spielt das keine Rolle und für dich auch nicht. Das einzige, was nach deinem Tod noch eine Rolle spielt, ist die Frage, ob du an Jesus geglaubt hast. Daran entscheidet sich dein ewiges Schicksal und deswegen frage ich dich, ob du dich schon für Jesus entschieden hast! Nach dem Tod wirst du nur dann zum Leben auferstehen, wenn du schon vor dem Tod zum Leben auferstanden bist. Verstehst du?

Von Natur aus, so sagt die Bibel, sind wir alle tot in unseren Sünden. Von Natur aus haben wir keine Beziehung zu Gott. Wir haben für ihn kein Herz, keine Zeit, wir brauchen ihn nicht, wir leben ohne ihn. Diesen Zustand nennt die Bibel: Tod.

Tot bist du, wenn du keine Beziehung zur Umwelt hast. Tot gegenüber Gott bist du, wenn du keine Beziehung zu ihm hast. In diesem Todeszustand befinden wir uns alle bis zu dem Moment, wo Jesus sein Machtwort spricht, wie damals am Grab von Lazarus.

### Mit Jesus gibt's das Happy-End

Heute ruft Jesus dich raus aus dem Grab deiner Schuld, aus der Gruft deiner Sünde, aus dem Versteck deiner Vorurteile, aus der Höhle deiner Hoffnungslosigkeit. Selbst wenn du keine Hoffnung mehr hast für dich – Jesus hofft für dich! Selbst wenn dich dein Leben anstinkt – Jesus kann dein Leben neu machen! Wenn er den nach Verwe-

sung stinkenden Lazarus runderneuert hat, hat er es auch drauf, dich neu zu machen, und dann geht's wieder rund in deinem Leben. Glaubst du das?

An die Auferstehung der Toten zu glauben heißt nicht nur glauben, dass du nach dem Tod auferstehst, sondern dass vor dem Tod Jesus zu dir steht. Jesus sagt hier von sich: Ich bin die Auferstehung. Die Auferstehung ist also nicht nur eine Sache, die später mal kommt, sondern eine Person, die jetzt da ist. Der auferstandene Jesus ist jetzt hier und ruft nach dir.

# Mensch, wenn du wüsstest!

Johannes 4,1ff 12. Mai 1991

Eine Frau bekommt ihr erstes Kind. Es ist ein Junge. Nach der Geburt fragt die Krankenschwester: »Wie soll der Junge heißen?« »Reiner.« »Oh, da möchte ich Ihnen aber abraten, Frau Zufall.«
Reiner Zufall – so einen Namen gibt's in Wirklichkeit gar nicht. Es gibt überhaupt keinen Zufall und in der Bibel gibt es nicht einmal eine zufällige Bemerkung. In der Bibel hat jedes Wort und jede Kleinigkeit seine tiefe Bedeutung.
Deshalb ist es wichtig, beim Bibellesen auch auf Kleinigkeiten zu achten. Das vierte Kapitel des Johannesevangeliums zum Beispiel geht mit der folgenden Bemerkung los: »Jesus verließ Judäa und ging wieder nach Galiläa. Er musste aber durch Samarien reisen.« Das klingt wie weiter nichts als eine trockene Ortsangabe, dabei enthält dieser Satz schon das Evangelium, die ganze Liebe Gottes: »Er musste durch Samarien reisen.« Was heißt hier »er musste«? Er musste überhaupt nicht! Im Gegenteil: Jeder Jude musste um Samarien einen Bogen machen, so wie jeder Punker um ein Wohngebiet, das von Faschos kontrolliert wird, einen Bogen machen muss, weil er sonst riskiert, dass er dort eins übergebraten kriegt. Neuerdings ist es ja auch für polnische Bürger lebensgefährlich, durch unser Land zu reisen, weil sie hier von manchen wie Wild gejagt, überfallen und ausgeplündert werden.
Durch das Gebiet der Samariter zu reisen war gefährlich. Samariter waren Ausländer, halbe Heiden, zwischen ih-

nen und den Juden lief seit fast 1000 Jahren nichts mehr, zwischen ihnen gab es nicht nur eine äußere, sondern eine innere Grenze. Das war der gegenseitige grundlose, gründliche, abgrundtiefe Hass. Und den macht Jesus nicht mit. Und wer Ausländer hasst oder belästigt, ist kein Christ. Denn Hass gegen Ausländer ist ein Verstoß gegen die Nächstenliebe.

Jesus ist die Liebe in Person. Und lieben heißt in der Bibel: Gott gehorchen. Deshalb heißt es hier: Jesus musste durch Samarien. Da musste er durch, das ist göttliches Muss. Für »musste« steht hier im Urtext das Wort, das die Bibel oft gebraucht, wenn es um die eigentliche Sendung Jesu geht, und das ist die Rettung von Sündern. Vor Gott sind alle Menschen gleich, nämlich Sünder, und Gott will, dass alle Menschen gerettet werden, und zwar gleich.

Jesus ist unterwegs, um zu retten. Jesus muss durch Samarien wegen einer Person. Um einen Menschen zu retten – darum muss er.

## Ein Penner bringt die Rettung

Als er mit seinen Jüngern in der Nähe der Stadt Sichar ankommt, ist es zwölf Uhr mittags. Um diese Zeit herrscht im Orient eine schweinische Hitze. Jeder Mensch macht Mittagsschlaf. Auch Jesus, so heißt es hier, »war müde«. Er kriecht auf dem Zahnfleisch und hängt sich knille im Schatten an einen Brunnen. Seine Jünger sind nach Sichar rein, um im Penny-Markt ein bisschen Salat und Pommes zu kaufen. Jesus schnappt inzwischen nach Luft und würde brennend gern einen Schluck trinken, hat aber kein Gefäß zum Schöpfen. Wie der gute Mann da verstaubt, verschwitzt und verdurstet am Brunnenrand hängt, das sieht ziemlich kläglich aus. Jedenfalls sieht man dem nicht gerade an, dass er der Sohn Gottes ist. Sieht eher aus wie

so ein abgelaufener Penner. Und genau das denkt auch die Frau, die in diesem Moment zum Wasserschöpfen kommt: ein verschwitzter Jud – mit so was will sie nichts zu tun haben. Aber Jesus will mit ihr zu tun haben, obwohl das nach allen Regeln des Anstandes einfach unmöglich ist:
Erstens ist die Frau eine Frau, und mit einer fremden Frau spricht ein anständiger Jude nicht, das ist unter der Würde eines jüdischen Mannes.
Zweitens ist die Frau nicht nur eine Frau, sondern ein Frauenzimmer, ein Flittchen, und mit so was spricht man gleich gar nicht.
Drittens ist die Frau eine Ausländerin, und das ist schon mal schlecht.
Viertens hat sie eine andere Religion, liegt theologisch schief, eine Art Sekte sozusagen, mit so was trinkt man nicht aus einer Tasse, denn die Trinkgefäße der Samariter gelten als unrein und sind deshalb für Juden verboten.
Aber das alles juckt Jesus überhaupt nicht. Der setzt sich über solche Unterschiede, Grenzen, Sitten, Vorschriften und Vorurteile einfach hinweg. Er redet die Frau einfach an. Der Gottessohn benimmt sich einfach menschlich. Menschlichkeit versteht sich nämlich leider nicht von allein. Allein die göttliche Liebe macht es möglich, dass Menschen zwischenmenschliche Mauern überspringen können.

**Keine Drinks für Ausländer!**

Jesus redet die Frau einfach an und bittet sie: »Gib mir zu trinken!« Gleich bei diesem Annäherungsversuch lässt die Frau Jesus voll abfahren: »Du bist ein Jude und bittest mich, eine Samariterin, um Wasser?« Mit anderen Worten: Ich hab auch meinen Nationalstolz. Sauf du gefälligst bei

euch zu Hause am Jordan! Bilde dir nicht ein, du könntest dich hier bei uns durchschlauchen! Für Juden gibt's hier keine Drinks.
Darauf Jesus, Vers 10: »Wenn du wüsstest, was Gott dir geben will und wer dich hier um Wasser bittet, würdest du mich um das Wasser bitten, das du zum Leben brauchst. Und ich würde es dir geben.« »Aber Herr«, meint da die Frau, »du hast doch gar nichts, womit du Wasser schöpfen kannst, und der Brunnen ist tief. Wo willst du denn das Wasser für mich hernehmen?«
Die Frau kapiert überhaupt nicht, wovon Jesus redet. Wenn sie das Wort »Wasser« hört, denkt sie an das Wasser im Brunnen. Aber Jesus redet inzwischen von etwas ganz anderem. Er hat schon ein ganz neues Thema angefangen, das Thema unseres Lebens, das Thema überhaupt, nämlich: lebendiges Wasser – Wasser des Lebens. Er redet schon gar nicht mehr vom Brunnenwasser, sondern von einer anderen Sorte, bei ihm hat das Wort »Wasser« eine doppelte Bedeutung. Die gute Frau kriegt den Doppelsinn zunächst überhaupt nicht mit. Die hört immer bloß »Wasser« und versteht immer bloß Bahnhof, die beiden missverstehen sich also. Jeder redet von was anderem, das Gespräch ist ein Missverständnis. Aber die Möglichkeit des Missverständnisses gehört zum Wesen der Botschaft Jesu. Es ist möglich, Jesus misszuverstehen, vielleicht muss jeder ihn missverstehen, der noch nicht vom lebendigen Wasser getrunken hat, das heißt, der den Heiligen Geist nicht hat. »Wasser« ist in der Bibel nämlich auch ein Bildwort für »Geist«.
Den Sinn der Worte Jesu erkennst du nur, wenn du Jesus anerkennst. Du musst trinken, um zu wissen, wie's schmeckt. Du musst glauben, um zu wissen, ob's stimmt, was Jesus sagt. Ich habe schon x-mal erlebt, dass Menschen mich beim Predigen missverstanden haben, absicht-

lich oder eben tatsächlich. Obwohl ich gedacht habe, ich hätte mich ganz klar ausgedrückt. Manchmal sind die Missverständnisse so grotesk, dass ich mich frage, ob die überhaupt zugehört haben. Aber das steht ja schon in der Bibel: Der Mensch, wie er von Natur aus ist, kapiert nichts vom Geist Gottes. Damit einer Verständnis für göttliche Dinge kriegt, muss Gott selber ihn anmachen. Deshalb muss, auch wenn die Leute noch nichts von Gott wissen, immer feste weitergepredigt werden, denn der Glaube kommt aus der Predigt. Deshalb redet Jesus immer weiter zu der Frau und er versucht, sie neugierig zu machen: »Wenn du wüsstest«, sagt er. »Wenn du wüsstest, wer ich bin und was ich zu bieten habe!« Deshalb predige auch ich immer weiter und sage dir: Mensch, wenn du wüsstest, was und wie Leben mit Gott ist – du kämst aus deiner Ablehnung heraus und würdest dich nicht länger mit deinen kümmerlichen Göttern begnügen, die dir nicht helfen können. Du würdest dich nicht mit deinen heidnischen Sternzeichen behängen, die dich nicht schützen können. Du würdest dich nicht länger an verseuchten Quellen rumtreiben, die deinen Lebensdurst nicht löschen können.

Wenn du wüsstest! Jesus möchte, dass du über den Rand deiner bisherigen gottlosen Weltanschauung blickst. Er möchte, dass die Frau über den Horizont ihres Brunnenrandes hinauskommt. Deshalb sagt er, Verse 13–14: »Jeder, der dieses Wasser trinkt, wird bald wieder durstig. Wer aber von dem Wasser trinkt, das ich ihm gebe, der wird nie wieder Durst bekommen. Dieses Wasser wird in ihm zu einer Quelle, die bis ins ewige Leben hineinfließt.«

## Von Bäuchen, Buden und Bankkonten

Mit Durst meint Jesus hier nicht den Durst, den wir mit einem Getränk stillen. Er nimmt diese Erfahrung unseres

Lebens, eben den Durst, um damit etwas ganz anderes zu beschreiben, nämlich den Lebensdurst. Wir alle haben in uns einen Lebensdurst, einen Hunger, einen Drang, eine Gier nach Leben, nach Erfüllung, nach Glück, nach Befriedigung. Und jeder versucht auf seine Weise, diesen Durst zu löschen – im Sex, im Suff, im Surfen, im Siebald-Hören. Andere füllen sich den Wanst voll mit Fresserei, ihre Häuser voll mit Besitz, ihre Konten voll mit Geld. Aber je voller die Bäuche, Buden und Bankkonten, um so weniger sind die Leute zufrieden. Ich kann nicht feststellen, dass die Menschen bei uns in den neuen Bundesländern zufriedener geworden sind, obwohl viele viel mehr haben, als sie vor der Wende zu hoffen wagten. Die Ehemaligen-jetzigen-neuen-Ost-Bundis rammeln bis an die Küsten des Atlantik und meckern. Sie kraxeln auf die Spitzen der Alpen und meckern. Sie fahren im neuen Golf nach Hof einkaufen und meckern. Die Gier nach immer mehr macht sie immer unzufriedener. Die Menschen unternehmen die abenteuerlichsten Dinge, um ihren Lebensdurst zu löschen, und sie sind nicht eher ruhig, bis sie Jesus gefunden haben. Das gilt für die in den östlichen genauso wie für die in den westlichen Bundesländern.

**Hört sich ja doch ganz interessant an**

Vor vierzehn Tagen war ich auf einer Jugendwoche in Kassel. Da wurde einer auf der Toilette überrascht, wie er sich gerade einen Schuss gegeben hatte und sagte: »Jetzt hab ich wieder 200 Mark in meinem Körper.« Aber das dauert ja nicht lange, da braucht er wieder 200 Mark für den nächsten Schuss und das Teuflische an der Sucht ist, dass die Sehnsucht nie zum Ziel kommt, sondern dass es immer wieder von vorne losgeht, bis am Schluss nichts

mehr geht und alles kaputt ist. Die Selbstbefriedigung wird zur Folter, und die Folge ist die Selbstzerstörung. Wir haben da junge Männer gesehen, die hatten sich so voll Drogen gepumpt, dass sie kaum stehen konnten. Der eine wollte, während ich mit ihm sprach, eine Banane essen und schaffte es kaum, das Ding zu schälen. Die waren fertig, kaputt, junge Menschen, die ihren Lebensdurst an einer teuflischen Quelle löschten und bis ins Innerste vergiftet waren.

Man könnte heulen, wenn man dieses Elend sieht. Und deswegen war ich sehr froh, als an einem Abend eine junge Frau ans Mikro trat und erzählte, dass sie auch mal drogenabhängig war – abgemagert, ausgelaugt, hoffnungslos. Und dann kam ein Tag im Leben dieser Frau, an dem sie Jesus begegnete, und das war die Rettung.

Diesen Tag erlebt auch die Frau am Brunnen. Und sie kann dann am Schluss mit vielen anderen von Jesus sagen: »Er ist wirklich der Retter der Welt.« Mit diesem Satz endet unsere Geschichte, aber noch sind wir nicht soweit. Noch sieht sie in Jesus nicht den Retter, sondern den Rumtreiber. Aber Jesus sieht, dass auch in dieser Frau dieser Lebensdurst, diese Sehnsucht nach Glück und Erfüllung steckt. Deshalb sagt er: »Wer von dem Wasser trinkt, das ich ihm gebe, der wird nie wieder Durst bekommen.« Da wird sie hellhörig. Obwohl sie immer noch nicht geschnallt hat, wovon hier eigentlich die Rede ist, ist sie inzwischen an dem Angebot Jesu interessiert. Sie denkt: Es geht um eine äußere Lebenserleichterung, sie braucht nicht mehr die schweren Wassereimer zu hucken.

So wie viele Leute heute denken, die wichtigste Aufgabe der Kirche würde in erster Linie darin bestehen, die irdischen Lebensbedingungen der Menschen zu verbessern. Es ist ja geradezu rührend, wie manche Theologen, die

keine Ahnung haben von Ackerbau und Viehzucht, mit großartigen Reden auf internationalen Konferenzen eine neue Weltwirtschaftsordnung und so was fordern.

## Worum geht's hier eigentlich?

Jesus fordert die Frau nicht auf, das Joch des Wassertragens abzuwerfen. Er hält keine feurige Rede über Probleme der Wasserwirtschaft. Er hängt am Brunnenrand kein Bettuch auf mit der aufgesprühten Losung: »Frauen Samariens! Emanzipiert euch! Werft Wassereimer weg!« Sondern er sagt zu einem einzelnen Menschenkind, das unter den Zwängen der Gesellschaft, unter dem Joch der Arbeit, unter den Ketten seiner Sünde leidet: »Wenn du von dem Wasser trinkst, das ich dir gebe, wirst du nie wieder Durst haben. Dann hast du in dir eine Quelle, die bis ins ewige Leben fließt.«

Ewiges Leben – das ist das Thema von Jesus. Das ist das Thema der Kirche, der Christen. Das ist das Thema, zu dem außer uns niemand in der Welt etwas zu sagen hat und zu dem wir den Menschen in der Welt etwas zu sagen haben: Bei Jesus gibt es ewiges Leben. Wenn du wüsstest!

Die Frau weiß immer noch nicht, worum es geht. Aber sie merkt immerhin das eine: Dieser Mann macht mir ein Angebot, das mir noch keiner gemacht hat (und sie hatte schon allerhand Angebote von Männern bekommen). Also sagt sie: »Dann gib mir dieses Wasser, damit ich nie wieder durstig bin und nicht wieder herkommen und Wasser holen muss.« Sie denkt noch immer an ihr Brunnenwasser und vermutet, sie kriegt jetzt so eine Art Zaubertrank, und damit hat sich das tägliche Gerenne zum Brunnen und das Wassergeschleppe erledigt. Als Jesus Tausende von Menschen mit ein paar Broten satt machte,

dachten die Leute ja auch, dass sich das tägliche Gerenne zur Arbeit und Geschufte fürs tägliche Brot erledigt habe. Jeden Tag Brötchen gratis – das gefiel der Masse. So wollten sie Jesus haben, so war Jesus der King, so wollten sie einen König haben, so wollten sie Jesus zum König machen, zum Semmelkönig.

## Hier wird scharf geschossen

Aber Jesus will für uns kein Schlaraffenleben. Er will uns unsere Schuld vergeben, damit er uns das ewige Leben geben kann. Und als die Frau sagt: »Gib mir das Wasser«, da muss er erst mal die Sünde aus dem Weg räumen, damit die Frau das Wasser, um das sie bittet, trinken kann. Die Frau hat nämlich sozusagen noch was im Hals, was sie daran hindert, das Wasser von Jesus zu schlucken. Und das, was ihr da im Hals steckt, muss erst mal raus. Die Sünde, die sie in sich trägt, muss erkannt, bekannt, ausgespuckt, ausgesprochen werden. Als die Frau also sagt: »Gib mir dieses Wasser«, da schießt Jesus, der große Seelsorger, einen Pfeil ab. Er bringt in geradezu verletzender Weise die Rede auf das Intimleben der Frau. Er sagt nämlich: »Gut, geh und ruf deinen Mann. Dann kommt beide hierher.« Der Pfeil sitzt. Die Frau fühlt sich im Innersten getroffen, aber sie gibt es nicht zu und antwortet ganz cool: »Ich bin nicht verheiratet.« Damit, so denkt sie, hat sie die Kurve gekratzt und das peinliche Thema abgewendet. Aber Jesus lässt sich nicht abwimmeln. Er antwortet – und jedes Wort ist ein Hammerschlag: »Das stimmt, verheiratet bist du nicht. Fünf Männer hast du gehabt, und der, mit dem du jetzt zusammenlebst, ist nicht dein Mann. Da hast du die Wahrheit gesagt.«

Ich möchte nicht wissen, wie viele von euch mit jemandem zusammenleben, ohne verheiratet zu sein. Fünf Män-

ner oder Mädchen gehabt zu haben und mit einem Partner zusammenzuleben, mit dem man nicht verheiratet ist, ist heute nichts Besonderes – aber es ist was Besonderes, dass es einen Mann gibt, der das nicht für normal hält. Der hält uns die Norm Gottes, die Gebote vor und sagt: Du sollst nicht ehebrechen. Ganz am Ende des Gesprächs lässt die Frau ihren Wasserkrug stehen, rennt in die Stadt und erzählt allen Leuten: »Kommt mit! Ich habe einen Mann getroffen, der alles von mir weiß, was ich getan habe.«

## Die Rettungsaktion läuft an

Jesus weiß alles von dir. Er kennt alle deine Sünden. Aber er macht dich deswegen nicht fertig, sondern er macht dir ein Angebot: Wasser des Lebens, Reinigung von deiner Schuld, Vergebung deiner Sünde. Weißt du, warum die Frau ausgerechnet in der größten Mittagshitze Wasser holen ging? Weil sie wusste, dass zu dieser Zeit normalerweise niemand dort war, und sie wollte niemanden treffen. Denn die anderen, die ja wussten, wie sie lebte, machten sie nur fertig. Wenn sie mit den anderen Frauen in der Morgenkühle Wasser holen gegangen wäre, wäre es ihr ergangen wie überall, wo sie auftauchte: Geflüster (Achtung, das Flittchen), Geschimpfe (verpiss dich, du Schlampe), Gemeinheiten (so was wie du gehört eingesperrt). Das hatte sie satt. Deshalb ging sie lieber in der Mittagshitze zum Brunnen, weil dann keiner dort war, der sie volllabern konnte. Und ausgerechnet mittags ist einer da, der labert sie aber nicht voll, sondern der liebt sie! Der verurteilt sie nicht, obwohl er alles von ihr weiß! »Ich habe einen Mann getroffen, der alles von mir weiß.«
Jesus ist nicht in die Welt gekommen, um uns zu verurteilen. Er ist gekommen, um uns zu retten. Wir sind ja be-

reits wegen unserer Sünde verurteilt. Aber Jesus hat unsere Strafe auf sich genommen, hat an unserer Stelle die Strafe abgebüßt, hat für unsere Schuld mit seinem Leben bezahlt. Das ist Liebe! Denn einer muss für deine Schuld bezahlen: entweder du – oder Jesus. Und da sagt er: Komm, lass mich mal. Ich mach das für dich.

Wenn es keinen Gott gäbe, der uns Menschen die Gebote gegeben und gedroht hat, alle, die seine Gebote übertreten, mit der ewigen Verdammnis zu bestrafen, dann wäre es absurd, dass Jesus Vergebung anbietet. Wenn es kein Jüngstes Gericht, keine ewige Seligkeit und keine ewige Verlorenheit gäbe, dann wäre das Angebot Jesu überflüssig. Dann brauchten wir keinen Jesus – aber wir brauchen heute nötiger denn je den Mann Jesus, der uns sagt, was wir getan haben, nämlich gesündigt, und der uns sagt, was er getan hat, nämlich gerettet.

Sicher braucht unsere Welt noch alle möglichen anderen Dinge: eine gerechte Wirtschaftsordnung, mehr Arbeitsplätze, mehr Geld. Aber was wir am meisten brauchen, ist Jesus, weil unsere Seelen sonst verhungern, trotz 70 Sorten Brot und Käse. Weil unsere Seelen ohne ihn verdursten, trotz Cola und Kulmbacher. Von irgendeiner Quelle muss jeder trinken. Von welcher Quelle lebst du?

Du kannst mit allen Wassern der Philosophie gewaschen sein. Du kannst dich mit Schnaps vollaufen lassen und deine Adern mit Drogen vollpumpen. Du kannst aus dem Ozean der Weltreligionen Weisheit schlürfen. Du kannst aus den trüben Tümpeln der Horoskope und Wahrsager saufen. Du kannst das eiskalte Wasser des atheistischen Materialismus schlucken – aber deine Seele wird dabei verdursten.

## So einfach geht das

Auf dem Marktplatz der Weltanschauungen wirst du überschwemmt von Parolen, die dir alle möglichen Sachen als Heilsquellen anbieten. Auch Jesus hat dir ein Angebot zu machen: »Wer von dem Wasser trinkt, das ich ihm gebe, der wird nie wieder Durst bekommen. Dieses Wasser wird in ihm zur Quelle, die bis ins ewige Leben hineinfließt.« Damit meint Jesus: Ich kann deinen Lebensdurst stillen. Wenn du zu mir kommst, ist die Suche vorbei, die Sucht zu Ende, die Sehnsucht erfüllt. Dann bist du am Ziel, dann bist du zu Hause. Geborgen. Im Frieden. Zufrieden.

Heute kannst du heimkommen, wenn du Jesus annimmst. Sag ihm: »Jesus, ich nehme dein Angebot an. Vergib mir meine Schuld. Gib mir das ewige Leben.«

Am Ende der Bibel, im allerletzten Satz, den Jesus sagt, da sagt er (Offb 22,17): »Wer Durst hat, der komme, und wer will, der nehme das Wasser des Lebens umsonst.« Das ist buchstäblich der letzte Wille Jesu: deinen Lebensdurst löschen. Er will. Die Frage ist jetzt: Willst du?

# Der Höllenreport

Lukas 16,19–31 7. Juni 1991

Flughafen Moskau. Ein Soldat fragt einen Juden, warum er nach Israel ausreisen will. »Will Hebräisch lernen.« »Wozu?« »Na, weißt du, im Himmel wird doch Hebräisch gesprochen.« »Und was passiert, wenn du gar nicht in den Himmel, sondern in die Hölle kommst?« »Macht nix. Russisch kann ich schon.«
Der Gerechtigkeit halber auch aus Amerika einen von der Sorte: Ein schwarzer Baptistenprediger predigt auf einer Straße in New York mit feurigen Worten über Himmel und Hölle. Er malt aus, dass die Geretteten alle ein weißes Kleid und Flügel kriegen. Da fragt ihn einer aus der Menge, wie er das praktisch machen will, das Gewand beim Anziehen über die Flügel zu kriegen. Darauf der Prediger: »Das lass mal meine Sorge sein. Mach du dir mal lieber Gedanken, wie du dein Gewand über deine Hörner kriegen willst.«

**Ein Haufen, eine Hölle, eine Kuh vorm Tor**

Es gibt einen Haufen Witze über die Hölle, aber die Hölle ist kein Witz, und mit den Witzen ist es in dem Moment vorbei, wo es um die Frage geht: Wohin gehe ich? Komme ich in den Himmel oder in die Hölle? Um diese Frage geht es spätestens an dem Tag, an dem du stirbst. Es ist ja mit dem Tod nicht alles aus. Im Gegenteil. Dann geht es erst mal richtig los, nach dem Leben kommt die Ewigkeit. Damit du dann, wenn du vor den Toren der Ewigkeit

stehst, nicht dastehst wie die Kuh vorm neuen Tor, stellt dir die Bibel heute die Frage: Wo wirst du die Ewigkeit verbringen? Lukas 16,19–31:

»Es war einmal ein reicher Mann, der immer die teuerste und beste Kleidung trug und Tag für Tag im Luxus lebte. Vor seinem Haustor lag ein Armer, der hieß Lazarus. Sein Körper war ganz mit Geschwüren bedeckt. Er wartete darauf, dass von den Mahlzeiten des Reichen ein paar kümmerliche Reste für ihn abfielen. Er konnte sich nicht einmal gegen die Hunde wehren, die seine Wunden beleckten.

Der Arme starb, und die Engel trugen ihn zu Abraham in den Himmel. Auch der Reiche starb und wurde begraben. Drunten in der Totenwelt litt er große Qualen. Als er aufblickte, sah er hoch oben Abraham, und Lazarus bei ihm. Da rief er laut: ›Vater Abraham, hab Mitleid mit mir! Schick mir doch Lazarus! Er soll seine Fingerspitze ins Wasser tauchen und meine Zunge ein wenig kühlen, denn das Feuer hier brennt entsetzlich.‹ Aber Abraham sagte: ›Denk daran, dass es dir im Leben immer gutgegangen ist, Lazarus aber schlecht. Dafür kann er sich nun hier freuen, während du Qualen leidest. Außerdem liegt zwischen uns und euch ein tiefer Graben. Selbst wenn jemand wollte, könnte er nicht zu euch kommen, genauso wie keiner von dort zu uns gelangen kann.‹

Da bat der reiche Mann: ›Vater Abraham, dann schick doch Lazarus wenigstens in mein Elternhaus. Ich habe noch fünf Brüder. Er soll sie warnen, damit sie nicht auch an diesen schrecklichen Ort kommen.‹ Doch Abraham sagte: ›Deine Brüder haben das Gesetz Moses und die Weisungen der Propheten. Sie brauchen nur darauf zu hören.‹ Der Reiche erwiderte: ›Vater Abraham, das genügt nicht! Aber wenn einer von den Toten zu ihnen käme, dann würden sie sich ändern.‹ Abraham sagte: ›Wenn sie

auf Mose und die Propheten nicht hören, dann lassen sie sich auch nicht überzeugen, wenn jemand vom Tode aufersteht.‹«

### Was Hölle ist

In der Phantasie mancher Leute spielt unsere biblische Geschichte die Rolle eines Schlüssellochs, durch das man einen Blick ins sogenannte Jenseits werfen kann. Aber auch wenn wir hier etwas über Abrahams Schoß und über Qualen im Feuer erfahren, sind solche Einzelheiten doch völlig unwichtig, weil sie weiter nichts als Bilder und Vergleiche sind. Von allem, was jenseits der Todesgrenze liegt, kann Jesus nur in Bildern und Vergleichen sprechen. Wichtig ist nur, dass wir verstehen, was mit diesen Bildern gemeint ist. Zweierlei soll hier mit ihnen gesagt werden:

1. Nach dem Tode kommt die große Scheidung der Menschen in zwei Gruppen. Zwar sagt das Sprichwort: »Ob arm, ob reich, im Tode gleich«, aber die Bibel sagt das nicht. Die Ewigkeit macht die Menschen überhaupt nicht gleich, sondern dort werden sie gerade in einer Weise getrennt, wie sie radikaler überhaupt nicht denkbar ist, nämlich in die, die bei Gott sind, und die, die nicht bei Gott sind. Die einen dürfen in der Nähe Gottes sein – das bedeutet das Bild von Abrahams Schoß. Die andern müssen ihm fern sein – das bedeutet das Bild vom Feuer. Die Hölle besteht also nicht darin, dass jemand auf einem Grill geröstet wird, sondern dass jemand fern von Gott sein muss und diese Ferne bewusst erlebt. So wie ein Verdurstender, der eine Quelle sieht, aber nicht zu ihr hin kann.

An anderer Stelle (2Thess 1,8–9) beschreibt die Bibel die Hölle so: »Jesus wird kommen, ... Vergeltung zu üben an

denen, die Gott nicht kennen wollen, und an denen, die nicht gehorsam sind dem Evangelium unseres Herrn Jesus, die werden Strafe erleiden, das ewige Verderben, fern von dem Angesicht des Herrn und von seiner herrlichen Macht.«

Das Wissen, zu denen gehören zu müssen, die nicht bei Gott sein dürfen – das ist die Hölle. In die Hölle kommen zwar die Ungläubigen, aber eins steht fest: In der Hölle wird es keine Atheisten geben, die dort ihr Glaubensbekenntnis aufsagen, das heißt: »Es gibt keinen Gott.« Dort wird es nur welche geben, die zugeben müssen, dass es Gott gibt, dass Gott da ist und dass sie selber das Falsche geglaubt haben. Gott sehen müssen, seinen Irrtum einsehen müssen und es nicht mehr ändern können – das ist die Hölle.

2. Das Teuflische an der Hölle ist, dass sie zwar einen Eingang, aber keinen Ausgang hat. Sie hat nur Fenster, durch die man sehen muss, was man vorher nicht wahrhaben wollte: dass es einen Gott und dass es ein Zu-spät gibt: Es gibt nämlich keine Möglichkeit, von der einen Gruppe in die andere überzuwechseln, zwischen beiden liegt eine unüberbrückbare Kluft. Es gibt keine Möglichkeit, nach dem Tod noch ins Lager der Frommen zu kommen. Und wenn du darauf spekulierst, dass der liebe Gott am Schluss recht lieb sein und keinen fortschicken wird, dann täuschst du dich. Davon sagt die Bibel nichts. Und gerade in unserer Geschichte sagt sie uns, dass uns der Tod unwiderruflich auf das Ergebnis unseres Lebens festnagelt.

Nach dem Tod gibt es keine Möglichkeit der Entscheidung, keine Korrektur, keine Zwischenlösung, sondern nur alles oder nichts. Was bis zum Tod nicht erledigt ist, wird nie mehr erledigt. Dann sind alle Chancen vorbei. Wenn deine Zeit hier abgelaufen ist, läuft nichts mehr.

Dann bleibt es unbarmherzig bei dem Zu-spät. Dann bleibt nur noch die Verdammnis. »Ja wo bleibt denn da die Liebe Gottes?« fragst du.

**Wie Gottes Liebe ist**

Gottes Liebe besteht erstens darin, dass er dir vorher sagt, was auf dich zukommt, und dich über deinen Zustand und deine Chancen informiert. Es ist ja nicht so, als ob du an einer Wegkreuzung vor zwei Wegen stehst und dich entscheiden kannst, ob du nach links oder nach rechts, in den Himmel oder in die Hölle willst. Du bist doch bereits auf dem Weg zur Hölle. Du bist bereits verloren. So, wie der Mensch von Natur aus ist, ist er verloren, das ist die bittere Wahrheit der Bibel.

Aber, und das ist das zweite, worin Gottes Liebe besteht: Gott lässt dich nicht einfach laufen, sondern er lässt dich rufen, ein Leben lang, immer wieder, heute beispielsweise durch mich. Gott stellt sich an deinen Lebensweg und ruft dich runter vom falschen Weg. Es lässt ihm einfach keine Ruhe, dass du in dein Unglück rennst.

Und das dritte, worin Gottes Liebe besteht: Er lässt seinen Sohn am Kreuz sterben, an deiner Stelle, für deine Sünden. Weißt du, warum Jesus am Kreuz hängt? Weil du Schuld hast vor Gott. Einer muss sie bezahlen. Entweder du bezahlst sie in der Hölle, oder Jesus bezahlt sie am Kreuz. Und Jesus bezahlt für dich! Warum willst du das nicht annehmen? Was willst du mehr? Mehr, als dass einer mit seinem Leben für dich bezahlt, mehr an Liebe gibt es nicht. Ein Leben lang zeigt dir Gott seine Liebe am Kreuz. Wir kommen eben nicht alle in den Himmel, sondern es gibt auch welche, die kommen in die Hölle. Und um dich davor zu bewahren – deshalb ist Jesus gekommen.

## Eiapopeia und Pfaffengeschwätz

Nun gibt es viele, die sagen: »So ein Quatsch. Das darf doch nicht wahr sein! Wir leben doch nicht im Mittelalter! Die Hölle ist eine leere Drohung, das Eiapopeia vom Himmel Pfaffengeschwätz. Deshalb: Leben und leben lassen! Wenn wir tot sind, ist Sense!« Freilich, Leute, die so argumentieren, gibt's in Massen, und in unserer Geschichte treten sie bezeichnenderweise auch in Massen auf: Da ist der reiche Mann und seine fünf Brüder. Die sagen: »Tja, wenn mal einer von den Toten zurückkäme und uns einen Augenzeugenbericht über Himmel und Hölle liefern würde – dann würden wir das ja glauben ...«
Wie ihr aus unserer Geschichte bereits wisst, warten diese Leute vergeblich auf einen himmlischen Berichterstatter oder rasenden ‛Reporter aus der Hölle. Es gibt allerdings welche, das sind die Spiritisten, die versuchen, mit Totengeistern in Kontakt zu kommen und von denen was zu erfahren. Das geht zwar, aber das geht auf alle Fälle nach hinten los. Hat Gott streng verboten. Und wenn du das machst, landest du auf alle Fälle in der Hölle.
Es gibt keine Möglichkeit, mehr über das Leben nach dem Tod zu erfahren, auch nicht durch die Berichte klinisch Toter. Wir haben weiter nichts als Mose und die Propheten, das heißt: Wir haben die Bibel. Das ist unsere einzige und zugleich die beste Informationsquelle. Die Bibel sagt über das, was nach dem Tod kommt, ganz wenig. Aber sie sagt ganz klar: Nach dem Tod kriegen wir die Quittung für unser Leben. Was der Mensch sät, wird er ernten, deshalb kommt alles darauf an, dass wir unser Leben jetzt richtig führen. Das ist der Grund, warum Jesus diese Geschichte überhaupt erzählt. Er will damit unsere Augen auf die Gegenwart lenken. Er will uns nicht die Hölle heiß machen, sondern die Gegenwart wichtig machen.

Denn was Gott mit uns nach unserem Tod macht, hängt davon ab, was wir vor unserem Tod mit unserem Leben machen. Genauer gesagt: Was wir als die Reichen mit dem armen Lazarus machen, mit dem wir zusammenleben.

## Manche würden was anziehen

Unsere Geschichte ist nämlich nicht an Leute adressiert, die mit dem armen Lazarus, sondern an Leute, die mit dem reichen Mann vergleichbar sind. »Na dann ist es ja gut«, werdet ihr sagen, »dann geht uns die ganze Geschichte nichts an, denn wir sind keine reichen Leute.«
Also im Vergleich zur Mehrheit der Weltbevölkerung sind wir reich. Die Hälfte der Menschheit lebt nicht in festen Steinhäusern, sondern in Hütten, die Hälfte ist unterernährt, Millionen haben keine Heimat, keine Arbeit, keine Ausbildung, keine soziale Sicherheit, keine Chancen. Dem Ärmsten unter euch geht's immer noch besser als denen – die würden sonstwas geben, um einen einzigen Tag sich so anziehen, so essen, so leben zu können wie du. Du bist der reiche Mann. Und ich bin fest davon überzeugt: Du hast auch Mitleid, wenn du etwa hörst, dass täglich 60.000 Menschen verhungern. Aber das Problem ist: Unser Mitleid ist nur vorübergehend. Wir haben Mitleid mit den Armen, solange wir von ihnen hören und sehen – in der Tagesschau. Aber dann gehen wir weiter – in der Tagesordnung. Unser Mitleid vergeht, wir machen weiter im alten Stil und es ändert sich nichts.
Vielleicht merkt ihr jetzt, dass die Geschichte, die Jesus erzählt, gar keine alte, sondern eine brennend aktuelle Geschichte ist, die uns allmählich sogar unangenehm wird. Ist euch eigentlich vorhin aufgefallen, dass der reiche Mann in unserer Geschichte gar keinen Namen hat?

Der Arme hat einen Namen, Lazarus, das heißt: Gott ist die Hilfe, also Gotthilf. Aber der reiche Mann wird einfach bezeichnet als der reiche Mann, weiter nichts. Jesus gibt dem Mann keinen Namen, damit jeder, der die Geschichte hört, diese Lücke mit seinem Namen ausfüllen kann. Erst dann, wenn wir unseren eigenen Namen dort einsetzen, wo »reicher Mann« steht, ist die Geschichte vollständig, erst dann fangen wir an, sie zu verstehen. Also: der reiche Mann Theo. Die reiche Frau Christine. Der reiche Mann Jörg usw. Und dann ist das plötzlich kein harmloses altes Märchen, sondern ein unerhörter Angriff auf unseren Lebensstil, ein Angriff, mit dem Jesus unser bisheriges Leben über den Haufen werfen und eine Lebensumwandlung erreichen will.

**Wie einseitig die Bibel ist**

Es gibt Leute, die behaupten, Himmel und Hölle wären eine Erfindung der Reichen, um die Masse der Armen leichter ausbeuten und regieren zu können. Wenn das wahr wäre, dann frage ich mich, warum Jesus hier Himmel und Hölle in Bewegung setzt, um sich für den armen Lazarus einzusetzen. Die Bibel kritisiert immer wieder scharf die Reichen, die Bonzen, die sich auf Kosten der Armen einen Fetten machen. Sie nimmt eindeutig und einseitig für die Armen Partei, und das bedeutet im Fall unserer Geschichte, dass wir die Kritisierten sind. Lazarus ist der Vertreter der Millionen der Dritten Welt, die hungernd vor der Tür unserer Zivilisation liegen. Lazarus zwingt uns zur Entscheidung.

Denn ob die Reichen den Armen helfen, ist nicht nur entscheidend für das Schicksal unserer Welt, sondern hier geht es auch um unser ewiges Schicksal. Ob Gott mich einmal in seiner Nähe duldet, hängt davon ab, ob ich den

Lazarus vor meiner Tür der Hölle seiner Armut und der Qual seines Leidens überlasse. Wenn das der Fall ist, wird mich sicher auch Gott der Hölle und der Qual der Gottferne überlassen.

## Ob ich oder ob ich nicht?

Das ist natürlich äußerst unangenehm, dass Gott den Lazarus vor meiner Tür zum Prüfstein meines Glaubens macht. Die Sache wäre für mich günstiger, wenn Gott ein paar meiner Predigten hören und mich danach beurteilen würde. Die Sache wäre für dich einfacher, wenn Gott sich mit deinem Glaubensbekenntnis begnügen würde. Aber das Bekenntnis, dass du Gott liebst, könnte eine Lüge sein, eine raffinierte oder eine unbewusste Lüge. Ob meine Liebe zu Gott echt ist, entscheidet sich daran, ob ich meinen Nächsten liebe, den Lazarus vor meiner Tür.

Wo aber ist vor unserer Tür ein armer Lazarus? Freunde, es geht hier doch gar nicht um die Frage Lazarus oder Luxus. Es geht hier doch gar nicht bloß um das Verhältnis von Arm und Reich. Der arme Mann kommt nicht deshalb in den Himmel, weil er arm war. Und der Reiche kommt nicht deshalb in die Hölle, weil er reich war. Er kommt auch nicht deshalb in die Hölle, weil er ein schlechter Mensch war, denn das war er nicht. So hat er sich beispielsweise nach jeder Mahlzeit, wie es sich für anständigen Menschen gehört, seine fettigen Hände abgewischt, damals gab's keine Papierservietten – da wischte man sich die Pfoten mit Brot ab. Dieses Brot ließ man unter den Tisch fallen – für mich das Beste, für dich die Reste – , und das kriegte Lazarus. Das war für den reichen Mann zwar kein Opfer, sondern Abfall, aber immerhin stand er damit in dem guten Ruf, ein sozial handelnder Mensch zu sein, der einen Bettler ernährt. Er hätte diesen Bettler ja

auch rausschmeißen können, aber nein, der reiche Mann ist doch kein Unmensch. Man weiß doch, was sich gehört, man ist ein Humanist, man kennt seinen Goethe: »Edel sei der Mensch, hilfreich und gut!« Der reiche Mann ist ein guter Mann, aber, das hat schon der Theologe Bengel vor 200 Jahren von diesem Mann gesagt, er ist ein praktischer Atheist. Er ist lieblos, er liebt weder Gott noch die Menschen. Das ist seine Schuld. Deshalb kommt er in die Hölle. Nicht weil er reich ist an Geld, sondern weil er arm ist an Liebe.
Er liebt die Menschheit im Allgemeinen und sich selber im besonderen, aber den konkreten Menschen vor seiner Tür, den liebt er nicht. Um den kümmert er sich nicht, den speist er mit Abfall ab. Das ist die Schuld des reichen Mannes, das ist unsere Schuld. Im Allgemeinen sind wir alle für die Nächstenliebe. Na klar. Es klappt bloß noch nicht so ganz im konkreten Fall: beim Lazarus vor unserer Tür.

**Lazarus ist überall**

Der Lazarus vor deiner Tür, das kann das Mädchen aus deiner Klasse sein, das ihr alle nicht beachtet, weil es unreine Haut, unreine Vergangenheit hat. Und das sich nach nichts mehr sehnt als nach einem bisschen Freundschaft und Liebe.
Das kann die alte Frau aus deinem Haus sein, die genug Geld hat und sich trotzdem freut, wenn du ihr mal ein Stück Kuchen schenkst. Die braucht deine Almosen nicht, aber die braucht zum Leben mal ein persönliches Wort von dir, ein Zeichen, dass du in ihr keinen Gegenstand im Treppenhaus, sondern einen Menschen siehst.
Der Lazarus vor deiner Tür, das können deine Kinder sein, die mal Zeit und Zuwendung von dir brauchen. Das

kann deine eigene Frau sein, deren Probleme du übersiehst und die du mit einem täglichen frostigen Kuss abspeist. Jeder von uns hat einen Lazarus vor seiner Tür. Jeder von uns wird von Gott danach beurteilt, wie er mit diesem Lazarus, mit seinem Mitmenschen, umgegangen ist.

Und nun frage ich dich: Was wirst du nun in deinem Leben ändern? Was wirst du ab jetzt anders machen? Die Bibel sagt dir klar, was du zu tun und mit welchen Konsequenzen du zu rechnen hast. Du hast gehört, dass es einen Himmel und eine Hölle gibt. Du bist informiert, dass es von dir abhängt, wo du die Ewigkeit verbringst. Du bist eingeladen, als ein Kind Gottes zu leben. Und du bist gewarnt, dass es ein Zu-spät gibt. Heute ist es allerdings noch nicht zu spät. Heute kannst du dich noch entscheiden. Heute kannst du dich bekehren. Heute ist der Tag des Heils. Bitte Gott um Vergebung für deine bisherigen Sünden. Bitte Gott um Kraft für die Neugestaltung deines Lebens. Glaube und handle!

Also komm, gib Jesus dein Leben, bevor es zu spät ist. Zu spät, das ist das schrecklichste Wort, das es gibt. Und ich wünsche dir nicht, dass Gott das am Ende deines Lebens zu dir sagt.

### Frech ist er auch noch

Ein Leben lang hat der reiche Mann auf alle andern von oben runtergesehen. Als er tot ist und sich die Radieschen von unten betrachtet, sieht er zum ersten Mal nach oben: »Als er aufblickte, sah er hoch oben Abraham und Lazarus in seinem Schoß.« Aber da ist es zu spät!

Ein Leben lang hat der reiche Mann nicht gebetet. Als er tot ist, betet er: »Vater Abraham ...« Aber da ist es zu spät. Ein Leben lang hat der reiche Mann kein Erbarmen ge-

kannt. Als er tot ist, verlangt er Erbarmen für sich. »Und er rief laut: Erbarme dich.« Aber da ist es zu spät.
Ein Leben lang hat der reiche Mann für Lazarus keinen Finger krumm gemacht. Als er tot ist, verlangt er: »Schick mir doch Lazarus! Er soll seine Fingerspitze ins Wasser tauchen und meine Zunge ein wenig kühlen, denn das Feuer hier brennt entsetzlich.« Aber da ist es zu spät.
Ein Leben lang hat der reiche Mann nur an sich selbst gedacht. Als er tot ist, fallen ihm seine fünf Brüder ein. »Ich habe noch fünf Brüder, sende Lazarus zu ihnen. Er soll sie warnen.« Aber da ist es zu spät.
Er hätte es wissen können, denn er hatte die Bibel (vgl. Prediger 2, Hesekiel 18,28, Daniel 12,2). Aber die hat er nicht gelesen, der hat er nicht geglaubt, ihm waren die Trinksprüche wichtiger als Bibelsprüche.
Und als Gott ihn daraufhin anspricht und sagt: »Du hattest doch die Bibel. Du hattest mein Wort. Da steht alles drin, was du für deine Bekehrung und Errettung wissen musst« – da hat der reiche Mann die Frechheit zu antworten: »Nein, die Bibel genügt nicht! Was in der Bibel steht, kann man nicht glauben. Da müsste erst noch zusätzlich einer von den Toten auferstehen und als Beweis kommen.«

## Noch zwei trostlose Worte

Dieser Mann bleibt bis zum letzten Moment und bis zum letzten Argument das, was er ein Leben lang gewesen ist: ein Ungläubiger, ein Gottloser, der noch von der Hölle aus Gott widerspricht. Die Gottlosen, so sagt die Bibel (Jes 48,22), haben keinen Frieden. Lazarus starb in Frieden und er ruht in Frieden. Als sie ihn in seinem billigen Sarg sang- und klanglos wie einen Hund verscharrten, war außer den Totengräbern kein Mensch auf dem Friedhof. Aber Gottes Engel waren da und trugen ihn in die

Herrlichkeit. So möchte ich einmal sterben. Ob ich in meinem Bett sterbe oder ob sie mich eines Tages an die Wand stellen und abknallen – ich möchte sterben wie Lazarus, und weil mein Leben Jesus gehört, werde ich sterben wie Lazarus – getragen und geborgen von Gottes guten Engeln, in Frieden und getröstet. Und wie wird dein Sterben einmal sein? Auch der reiche Mann starb und wurde begraben. Große Sache: der ganze Friedhof voll von Menschen. Das war das Letzte, was er sich von seinem Geld leisten konnte: ein teures Begräbnis. Die Kränze teuer. Die Grabrede beteuernd: »Wir haben einen guten Menschen verloren.« So lautet das Urteil der Leute. Das Urteil Gottes lautet: Auf ewig verloren. Am Grab des reichen Mannes werden viele kluge Grabreden gehalten, mit vielen trostlosen Worten. Die Grabrede, die Jesus ihm hält, ist kurz. Sie besteht nur aus zwei Worten: Zu spät. Was wird Jesus als letztes Wort über dein Leben sagen?

# Ein bisschen ewig ist das schon

Johannes 6,68–69 13. Juli 1991

Ein junger Pfarrer muss zum ersten Mal im Gefängnis predigen. Er ist natürlich unsicher und aufgeregt, und da beginnt er seine Predigt mit dem Satz: »Ich freue mich, dass so viele hier sind.«

Als ich zum ersten Mal in einem Gefängnis gepredigt habe, hab ich das nicht gesagt. Vor vierzehn Tagen hatte ich in einem Knast zu predigen, wo vor allem Terroristen und Mörder sitzen. Ich war natürlich unsicher und aufgeregt, aber ich kann euch sagen: Im Gefängnis vor Mördern und Terroristen zu predigen, das war nicht das Problem. Das Problem waren die beiden Gefängnispfarrer, die mit versteinerten Gesichtern vor mir saßen und hinterher über mich herfielen mit dem üblichen Vorwurf: So geht das nicht!

Der Inhalt meiner Predigt war: Wer Jesus hat, der hat das Leben und ist gerettet. Wer Jesus nicht hat, lebt am Leben vorbei und ist verloren. Noch während ich mich mit den Häftlingen unterhielt, stürzten sich die beiden Kollegen auf mich, und der eine sagte, das wäre ja unmöglich, so könne man das doch nicht sagen, und überhaupt, dass der Mensch ohne Jesus verloren ist, so was dürfe man doch nun wirklich nicht sagen. Ich sagte: »Das hat doch Jesus selber gesagt.« »Ja, aber was soll das denn heißen – verloren, gerettet.« »Na, wissen Sie denn das nicht von sich selbst, ob Sie verloren oder gerettet sind?« »Nein.« Darauf ich: »Dann fehlt Ihnen die Grundvoraussetzung, um Prediger und Priester zu sein.«

Da zog er natürlich wieder ab, und ich saß wieder mal da mit dem Vorwurf, ich hätte zu hart gepredigt, und statt Menschen zu Jesus einzuladen, hätte ich riskiert, sie von ihm abzuwenden.

Das möchte ich natürlich ganz und gar nicht. Ich möchte, dass die von euch, die noch nicht zu Jesus gehören, sich heute bekehren, aber ich muss natürlich auch damit rechnen, dass sich welche von ihm abkehren.

## Come on – du musst dich entscheiden!

Jesus verlangt eine Entscheidung. Und in dem Wort Entscheidung steckt das Wort Scheidung. An Jesus scheiden sich die Geister. Es wird immer so sein, dass die einen ihn annehmen, die anderen ihn ablehnen, die einen ihm nachfolgen, die anderen ihn verlassen. Das ist Jesus selbst so ergangen, als er über diese Erde gegangen ist. Im Johannesevangelium, Kapitel 6, wird geschildert, wie Jesus eines Tages in eine große Krisis kommt. Krisis heißt Scheidung. Da machten sich die meisten seiner Anhänger aus dem Staube.

Es gab einmal eine Zeit in seinem Leben, da war er bei den Massen beliebt. Das war damals, als er 5000 Menschen zu essen gegeben hat. Da waren sie natürlich alle von ihm begeistert. Da sind sie ihm scharenweise nachgerannt. Da war er der Held des Tages, da war er der King, da wollten sie ihn zum König machen. Aber dann merkten sie: Der will uns nicht bloß was geben. Der will auch was von uns haben. Er hat uns nicht bloß was geschenkt, er hat auch was von uns verlangt. Er verlangt, dass wir an ihn glauben. »Glaubt an Gott und glaubt an mich«, hat er gesagt, und weiter, Vers 40: »Mein Vater will, dass jeder, der den Sohn sieht und an ihn glaubt, das ewige Leben hat, und ich werde ihn auferwecken am Jüngsten Tage.« Nach diesem Satz beginnt der Protest, Vers 41: »Da entrüsteten sich die Zuhörer über ihn und sagten: Ist das nicht der Jesus, der Sohn des Joseph? Seine Eltern kennen wir doch!«

Solange er ihnen kostenlos Brot zu essen gab und sie sich bei ihm durchschlauchen konnten, war ihnen egal, aus welcher Familie er stammte. Aber jetzt, als er Glauben verlangt, da heißt es plötzlich: »Na, den kennen wir doch! Sein Vater ist doch der Zimmermann Joseph, bei dem in der Werkstatt ham wir uns immer Hobelspäne für unsere Meerschweinchen geholt, und seine Mutter, die Marie, das ist doch die, die immer bei Aldi als Verkäuferin aushilft. Mit seinen Schwestern waren wir in der Tanzstunde, und mit dem Jesus ham wir doch noch vor paar Jahren auf dem Dorfplatz Fußball gespielt – wieso spielt denn der sich hier auf, er wäre der Sohn Gottes, und wieso sollen wir an ihn glauben?«

## Im Zeitalter des Wassermanns

Ihr seht, der Glaube an Jesus war schon immer eine Zumutung. Das war damals auch nicht leichter als heute. Jedenfalls gilt für damals und heute dasselbe: Wenn du das ewige Leben haben willst, wenn du zu Gott willst, musst du an Jesus glauben. Jesus hat extra gesagt: »Ich bin der Weg, die Wahrheit und das Leben. Niemand kommt zum Vater außer durch mich.« Diesen Ausschließlichkeitsanspruch hat Jesus gestellt. In diesem Punkt ist er absolut intolerant. Wo es um dein Heil, deine Rettung, deine ewige Seligkeit geht, da lässt er nichts und niemanden außer sich gelten, keine andere Religion, Philosophie oder Weltanschauung. Dieser Absolutheitsanspruch ist schon das Erste, was die meisten unerträglich finden, zumal heute im Zeitalter des New-Age, wo alle Gegensätze sich in Harmonie umarmen, weil alle Recht haben und keiner die Wahrheit allein hat. Da ist natürlich so einer wie Jesus, der von sich behauptet: »Ich bin die Wahrheit«, einfach unmöglich. Im Zeitalter des Wassermanns, wo alles ver-

wässert wird, steht Jesus wie ein Pfeiler im Strom der Zeit, an dem sich die Fluten teilen und Gischt und Geifer des empörten Widerstandes hochspritzen.
Und das Zweite, was viele an dem Absolutheitsanspruch so unerträglich finden: dass der Anspruch, der einzige Retter der Welt zu sein, ausgerechnet von einem gestellt wird, der am Kreuz endet. Das Ideal der Masse ist einer, der Brot gibt, aber nicht einer, der sein Leben gibt. Was gewünscht wird, ist ein Brötchengeber, ein Semmeljesus, aber kein Sterbender, der sich selbst verleugnet und Selbstverleugnung verlangt.

**Wie ich dir, so du mir**

Solange die Kirche jedem Atheisten, der gegen Honecker war, ein Dach bot, war die Kirche Spitze, und die Massen strömten zu Tausenden. Als die Kirche dem Atheisten Honecker ein Dach bot, war's mit der Beliebtheit Sense, und die Austrittswelle ging los. Es war wie zur Zeit von Jesus: Solange er den Massen Brot gab, gaben sie Beifall und waren dicke da. Sobald er ihnen zu verstehen gab, dass er Glauben verlangt, gaben sie den Löffel ab und machten sich dünne.
Jesus sagt, Vers 48ff: »Ich bin das Brot des Lebens. Wer von diesem Brot essen wird, der wird leben in Ewigkeit, und das Brot, das ich ihm geben werde, das ist mein Fleisch, welches ich geben werde für das Leben der Welt.« Hier redet Jesus von seinem Tod. Er will sagen: Nur dadurch, dass ich am Kreuz sterbe, könnt ihr leben.
Kaum hat Jesus seine Predigt beendet, stürzen schon einige auf ihn los: »Du machst es uns zu schwer. So geht das nicht!« Vers 60: »Viele seiner Jünger hörten das und sagten: Was er da redet, geht zu weit! So etwas kann man nicht mit anhören.« Und jetzt ist interessant, wie Jesus auf diese

Kritik reagiert. Er hätte ja sagen können: »Oh, das tut mir leid. Ich wollte niemandem zu nahe treten. Natürlich braucht ihr das alles nicht so genau zu nehmen, und wenn ihr von Gehorsam, Opfer, Leiden, Sterben und Kreuz nichts hören wollt, dann werde ich in Zukunft etwas sanfter predigen.«

An vielen Punkten macht unsere Kirche das bis heute so. Aus lauter Angst, jemandem zu nahe zu treten, tritt sie leise. Aus lauter Angst, jemanden zu verlieren, verliert sie möglichst kein Wort mehr über Sünde, Hölle, Gericht, Verdammnis und Bekehrung. Aus lauter Angst, jemanden vor den Kopf zu stoßen, entfernt sie alles Anstößige aus ihrer Botschaft und verhökert ihre Dienste zu herabgesetzten Preisen.

## Das ist ja nicht mehr feierlich

Du glaubst nicht an Gott? Du glaubst nicht, dass Gott die Ehe gestiftet hat? Du glaubst nicht, dass an Gottes Segen alles gelegen ist? Macht nichts, wir machen für dich trotzdem einen »Gottesdienst anlässlich der Eheschließung«, ohne den Segen, aber mit Glocken, dann kannst du in der Kirche heiraten, ohne in der Kirche zu sein, bei uns ist kein Unding unmöglich!

Oder: Du glaubst nicht an Gott? Hast ihn ein Leben lang abgelehnt? Hast nie am heiligen Abendmahl teilgenommen? Hast überhaupt nicht zur Kirche gehört? Macht nichts, wir machen für dich trotzdem eine Beerdigungsfeier.

In 2000 Jahren Kirchengeschichte hat es so was noch nicht gegeben. Pfarrer, die Atheisten beerdigen, schaufeln das Grab der Kirche. Mit dieser Anbiederung an die Welt, mit dieser Angleichung an den Zeitgeist, mit dieser Kompromissbereitschaft verliert die Kirche den letzten Rest an Glaubwürdigkeit. Das ist der Ausverkauf der Kirche.

## Und keinen Millimeter daneben

Jesus jedenfalls hat sich nie so billig verkauft. Er ist nie auch nur einen Millimeter von dem Satz abgewichen, den er hier in Vers 47 sagt: »Wer an mich glaubt, hat das ewige Leben.« Und als sie anrücken und sagen – Vers 60 –: »Das geht zu weit! So etwas kann man einfach nicht mit anhören!«, da sagt er nicht: »Na gut, ich korrigiere mich. Ich sag nicht mehr: Wer an mich glaubt, sondern ich sage: Wer ein bisschen an mich glaubt, oder: Wer gar nicht an mich glaubt, aber von sich glaubt, ein guter Mensch zu sein, der hat das ewige Leben.« Nein, das sagt er nicht. Im Gegenteil, Vers 61: »Jesus merkte, dass sie sich entrüsteten. Deshalb sagte er zu ihnen: Das ärgert euch wohl?« Statt also zu besänftigen, schürt er noch das Feuer. Statt zu verhindern, dass manche Jünger abhauen, provoziert er es noch. Nur eine kompromisslose Verkündigung führt zu einer radikalen Bekehrung, und ohne Bekehrung kommt niemand in Gottes Reich. Und das ist ja das Ziel, auf das alles ankommt: dass du in den Himmel kommst. Mann, du sollst gerettet werden!

Dazu ist erstens ein Entschluss nötig: Ja, ich will Christ sein. Diesen Entschluss nennt man die Bekehrung – Umdenken! Und zur Bekehrung ist zweitens die Bewährung nötig: Ja, ich will als Christ leben, das tun, was Jesus sagt. Diese beiden Dinge – die Bekehrung und die Bewährung – fehlen dem Mitläufer. Der kennt nur die Verehrung. Jesus will keine Verehrer, sondern Nachfolger, die ohne Rücksicht auf Verluste, auf andere Menschen oder Mächte, ihm allein gehorchen – auch dann, wenn es schwer wird und die Nachfolge Nachteile bringt.

## Keine halben Sachen machen

Als das die Massen verstanden, standen sie nicht mehr auf Jesus. Als das Kreuz die ersten Schatten vorauswarf, warfen die ersten das Handtuch. Da begann die große Abwanderung, Vers 66: »Von da an wandten viele seiner Jünger sich ab und gingen nicht mehr mit ihm.«

Wenn einem Parteichef die Gefolgschaft davonläuft, wird er versuchen, sie irgendwie festzuhalten, Kurs zu ändern, kürzer zu treten, Kompromisse anzubieten. Jesus hat diesen Versuch nicht gemacht, er ist ja kein Parteichef, der um die Gunst seiner Genossen feilschen muss. Sondern er ist der Sohn Gottes, die Wahrheit in Person, er hat von sich gesagt: »Ich bin die Wahrheit.« Und die Wahrheit verkauft sich nicht zu herabgesetzten Preisen. Sie ist nicht heute *so* und morgen *so*, sondern *heute* so und *morgen* so, die ist immer gleich. Und wenn Jesus einmal gesagt hat: Ich will euch ganz, mit Leib und Seele, dann kann er nicht auf einmal sagen: »Nuja, also gut, ich bin ja schon zufrieden, wenn ihr mir ein bisschen was von eurem Leben gebt. Wenn ihr immer mal zur Gemeinde kommt, das reicht mir schon. Und mal ein Seitensprung, eine kleine Notlüge, da bin ich nicht kleinlich, Hauptsache, ihr seid irgendwie so'n bisschen christlich. Und meine Worte, die braucht ihr nicht so wörtlich zu nehmen ...« So hat Jesus nie gesülzt. Sondern wenn er gesagt hat: Liebt eure Feinde, dann hat er das auch wörtlich so gemeint und dir nicht erlaubt, irgendeinen Klassenfeind oder Klassenkameraden oder Klassenlehrer zu hassen.

Und wenn er gesagt hat: Du sollst nicht ehebrechen, dann hat er das auch wörtlich so gemeint und dir nicht erlaubt, vor und während der Ehe Geschlechtsverkehr mit einem anderen Partner zu haben. Wenn er gesagt hat: Du sollst lieben Gott den Herrn von ganzem Herzen, von ganzer

Seele, von ganzem Verstand und mit allen deinen Kräften, dann hat er dir nicht erlaubt, mit halbem Herzen Christ zu sein, sondern er hat die Halbherzigkeit mit schärfsten Worten verdammt: »Ich weiß Bescheid über euer Tun. Ich weiß, dass du weder kalt noch warm bist. Wenn du wenigstens eins von beidem wärst! Aber du bist weder warm noch kalt, du bist lauwarm. Darum werde ich dich aus meinem Munde ausspucken« (Offb 3,15).
Das sind scharfe Worte. Aber nicht ein einziges seiner scharfen Worte hat er entschärft. Nicht eine einzige seiner radikalen Forderungen hat er zurückgenommen. Lieber hat er die Massen, die davor zurückschraken, abwandern lassen.

**Das ist die richtige Perspektive!**

Wenn einer so radikal ist, ist es natürlich kein Wunder, wenn er eines Tages ziemlich allein dasteht. Das ist Jesus passiert. Plötzlich stand er mit seinen zwölf Jüngern allein da. Und da hat er die Jünger nicht angebettelt: »Meine Freunde, bleibt doch wenigstens ihr bei mir.« Nein, in dem Augenblick, als sie alle abhauten, hat er sich zu seinen Jüngern umgedreht, ihnen voll ins Gesicht gesehen und gefragt: Und ihr? Was habt ihr vor? Wollt ihr mich auch verlassen?
Er hat es den Zwölfen freigestellt, ihn zu verlassen. Er stellt es auch euch frei. Jesus ist wirklich ein König, ein Herr. Der rennt euch nicht nach wie ein Bettler. Der winselt nicht um eure Gunst, ob ihr vielleicht so lieb sein wollt, ihm ein bisschen zu folgen. Denke doch ja nicht, du tust Jesus einen Gefallen, wenn du dich bekehrst. Die Sache ist genau umgekehrt: Er tut dir einen Gefallen, wenn er dir das ewige Leben anbietet. Ich bitte dich: Bedenke, wer du bist und in welcher Situation du bist! Du

bist vor Gottes Gericht angeklagt. Du hast mit Recht Gottes Strafe verdient, weil du Gott nicht gedient hast, weil du ihm nicht die Ehre gegeben hast, weil du seine Gebote nicht befolgt hast, weil du ein Sünder bist.

## Steig herunter vom hohen Ross

»Ja, was heißt hier Sünder?!« sagen manche. »Ich weiß gar nicht, wieso ich ein Sünder sein soll, ich wüsste ehrlich überhaupt nicht, wo in meinem Leben Sünde ist.« Wirklich nicht? Dann will ich dir nur eine einzige Frage stellen. In der Bibel steht: »Du sollst Gott deinen Herrn lieben von ganzem Herzen, von ganzer Seele, mit ganzem Verstand und allen deinen Kräften, und deinen Nächsten wie dich selbst.« Na und? Hast du deinen Nächsten immer geliebt wie dich selbst? Na bitte. Wenn du auch nur einen Funken Ehrlichkeit und Selbsterkenntnis besitzt, musst du zugeben, dass du dieses Gebot nicht erfüllt hast. Dieses eine Bibelwort genügt, um dir zu beweisen, dass du ein Sünder bist. Und obwohl du vor Gott schuldig bist, hat Gott sich was ausgedacht, um dir die Strafe zu ersparen. Gott hat dich nämlich lieb. Er will dich nicht strafen, sondern retten. Er hat seinen Sohn Jesus geschickt, und als der am Kreuz starb, starb er an deiner Stelle. Er nahm die Strafe auf sich, die du verdient hast, die Todesstrafe. Welchen Beweis für Gottes Liebe erwartest du denn noch? Wenn du an Jesus glaubst, bist du gerettet!

## Unvergängliche Worte

Wenn du das nicht glauben willst, dann kannst du deinen Lebensweg ohne ihn gehen, Jesus wird dich genausowenig halten wie damals seine Jünger. »Und ihr? Wollt ihr

mich auch verlassen?« Da antwortete Petrus, Vers 68: »Herr, wohin sollen wir gehen? Du hast Worte des ewigen Lebens, und wir haben erkannt und geglaubt, dass du bist der Heilige Gottes.«
Das ist eigenartig: Die Jünger, die von Jesus weggehen, begründen das mit dem Argument, seine Worte seien hart und unerträglich. Die Jünger, die bei Jesus bleiben, finden in den gleichen Worten das ewige Leben. So verschieden wird das gleiche Wort gehört, je nachdem, ob einer zum Gehorsam bereit ist oder nicht. Denn nur, wer Jesus gehorcht, erfährt, dass er die Wahrheit sagt.
Wenn du nicht an Jesus glauben kannst, dann liegt das nicht an deiner Intelligenz, sondern an deiner Sünde, an deinem Stolz, an deinem Ungehorsam, weil du nicht bereit bist, der Autorität Jesu zu gehorchen. Du lehnst ihn nicht ab, weil er für dich ein intellektuelles Problem ist, sondern weil du dein Leben nicht ändern willst. Glauben an Jesus ist Willenssache. Deshalb sagt er ja auch damals zu seinen Jüngern und heute zu euch: Wollt ihr auch weggehen? Die zwölf Jünger wollen nicht und können nicht. Wer einmal erkannt hat, dass Jesus der Sohn Gottes ist, der kommt nicht wieder von ihm los. Petrus erkennt ganz klar: Ein Leben ohne Jesus ist kein Leben.

**Gewinner auf der ganzen Linie**

Mir geht es wie dem Petrus. Ich kann mir mein Leben ohne Jesus wirklich nicht mehr vorstellen. Jesus, das ist der Sinn meines Lebens, der Maßstab meines Lebens, ohne ihn wäre ich nichts, ohne ihn läuft bei mir nichts, ohne ihn ist mein Leben unmöglich, meine Zukunft undenkbar. Zu meiner Zukunft gehört auch mein letzter Tag. An dem Tag, an dem ich sterbe, werde ich nicht allein sein. Er wird bei mir sein und mir seine Hand auf die Stirn legen.

Am Jüngsten Tage wird er mich vom Tod auferwecken. Er wird mich bei der Hand nehmen und mich aus der Finsternis des Todes hineinführen in das volle Licht von Gottes Ewigkeit.

Ich frage dich jetzt: Wenn du Jesus ablehnst – wohin oder zu wem willst du dann gehen? Wer soll der Maßstab deines Lebens sein? Soll's ein Politiker sein? Politik muss sein. Es gibt gute und schlechte Politiker. Aber auch der beste Politiker kann bestenfalls deine äußeren Verhältnisse verbessern. Aber nicht dein Verhältnis zu Gott. Das kommt nur in Ordnung, wenn deine Sünde aus der Welt ist, und die kann nur Jesus wegschaffen. Die Worte der Politiker sind schnell vergessen. Was die heute sagen, gilt oft schon morgen nicht mehr. Die sagen nach der Wahl und nach der Wende oft das Gegenteil von dem, was sie vor der Wahl und vor der Wende gesagt haben.

Was Jesus sagt, gilt ewig. Wenn du ihm deine Sünden bekennst und er sagt zu dir durch den Mund eines seiner Diener: »Deine Sünde ist dir vergeben« – dann hat das ewige Gültigkeit. Dann kann dich diese Sünde nie wieder belasten, weder in Zeit noch in Ewigkeit. »Deine Sünde ist dir vergeben, geh hin in Frieden« – das sind Worte des ewigen Lebens.

Oder willst du dich der Wissenschaft anvertrauen? Auch Wissenschaft muss sein. Es gibt echte Wissenschaft und Scheinwissenschaft. Gerade echte Wissenschaft kennt ihre Grenzen, die Begrenzung auf das menschliche Beobachten und Denken, und sie kann dir deshalb keine Hilfe geben für das Gebiet, das über das menschliche Denken hinausgeht, für Gottes Reich und die Ewigkeit. Die Wissenschaft gibt dir Wissen, aber kein gutes Gewissen. Sie kann vielleicht durch ärztliche Kunst deinen Tod aufschieben, aber sie kann dich nicht vom Tod auferwecken Jesus sagt, Vers 54: »Wer mein Fleisch isst und mein Blut

trinkt, der hat das ewige Leben, und ich werde ihn am Jüngsten Tage auferwecken.« Das sind Worte des ewigen Lebens.

## Von deinem Willen hängt es ab!

Ich habe in meinem Leben Tausende Bücher gelesen. Aber ich kenne keinen Philosophen und keinen Dichter, der je so etwas gesagt hätte, der es gewagt hätte, so was zu sagen, der es geschafft hätte, so was zu sagen. Und ich kenne kein Wort eines Menschen, das mir im Angesicht des Todes helfen könnte. Mir genügt für meine Sterbestunde, was Jesus hier sagt, Vers 40: »Denn das ist der Wille meines Vaters, dass, wer den Sohn sieht und glaubt an ihn, das ewige Leben habe; und ich werde ihn auferwecken am Jüngsten Tage.« Das sind Worte des ewigen Lebens! Mehr wird dir von niemandem geboten. Mit weniger solltest du nicht zufrieden sein.

Und deshalb bitte ich dich jetzt im Namen des liebenden Gottes, der dich so liebt wie seinen eigenen Sohn: Komm zu Jesus. Egal, wer du bist, wie du bisher gelebt hast, wie weit du dich von Gott entfernt hast. Die Entfernung zwischen Gott und dir beträgt nur einen einzigen Schritt: das ist der Schritt der Bekehrung.

Jesus sagt: Wer zu mir kommt, den schicke ich nicht wieder weg. Worte des ewigen Lebens! Du kannst, wenn du willst, von heute an bis in alle Ewigkeit zu Hause sein.

# Mach aus Sorgen ein Gebet

Matthäus 6,25–34 — 8. September 1991

Im Sommer war ich in Frankreich. Ein bisschen Französisch kann ich ja, z.B. Merci chéri, das hatte ich bei Udo Jürgens gelernt, und ansonsten ist die Sprache wirklich kinderleicht. Das Wort »Kind«, beispielsweise heißt bei denen »enfant«. Ist doch klar: Ein Kind ist ein Anfänger, ist am Anfang. Bloß dass die Franzosen das »n« nicht so sprechen wie wir, sondern durch die Nase, also nicht Anfang, sondern enfant.
Seht ihr, so einfach ist das. Nein, die Sprache war nicht mein Problem, ich hatte dort andere Sorgen.

**Aufs Nötigste kann ich verzichten**

Mein Ziel war der Süden. Und als ich in Orange ankam – Orange heißt orange, wie die Farbe oder die Apfelsine, also ich sage doch, Französisch ist ein Kinderspiel –, da bin ich fast durchgedreht. Da stand ich unter den Platanen, ich hörte die Grillen zirpen wie wahnsinnig, ich sah den römischen Triumphbogen wie auf der Postkarte ... Wonach ich mich immer gesehnt hatte, das konnte ich jetzt sehen, in Wirklichkeit! Ich war da! Also ich war vor Glück ganz aus dem Häuschen. Dann bin ich ins Hotel, hab nur das Nötigste mitgenommen und die Koffer im Auto gelassen. Am nächsten Morgen eile ich beschwingten Schrittes zu meinem Auto und will meine Rundfahrt fortsetzen, aber daraus wurde nichts, so nach dem Motto »›Jetzt geht's rund‹, jubelte der Spatz und flog in den Ven-

tilator.« Denn als ich auf den Parkplatz zu meinem Auto komme, da denk ich, mich trifft der Schlag: Eine Scheibe eingeschlagen und die Koffer mit sämtlichen Klamotten geklaut.

Als ich so dastand, nur noch mit dem, was ich auf dem Leib und in meinem Handköfferchen hatte, da kam wie eine Welle die Sorge auf mich zu: Was mach ich jetzt? Und da fiel mir ein, was ich eine halbe Stunde vorher gelesen hatte. Denn bevor ich mein Hotel verließ, hatte ich Stille Zeit gehalten und in der Bibel gelesen. An dem Tag, es war der 29. Juli, war die Lesung Matthäus 6,25–34.

»Darum sage ich euch: Macht euch keine Sorgen um Essen und Trinken und um eure Kleidung. Das Leben ist mehr als Essen und Trinken, und der Körper ist mehr als die Kleidung. So seht euch die Vögel an! Sie säen nicht, sie ernten nicht, sie sammeln keine Vorräte – aber euer Vater im Himmel sorgt für sie. Und ihr seid ihm doch viel mehr wert als alle Vögel! Wer von euch kann durch Sorgen sein Leben auch nur um einen Tag verlängern?

Und warum macht ihr euch Sorgen um das, was ihr anziehen sollt? Seht, wie die Blumen auf den Feldern wachsen! Sie arbeiten nicht und machen sich keine Kleider; doch ich sage euch: nicht einmal Salomo bei all seinem Reichtum war so prächtig gekleidet wie irgendeine von ihnen. Wenn Gott sogar die Feldblumen so ausstattet, die heute blühn und morgen verbrannt werden, wird er sich dann nicht erst recht um euch kümmern? Habt doch mehr Vertrauen!

Macht euch also keine Sorgen! Fragt nicht: ›Was sollen wir essen? Was sollen wir trinken? Was sollen wir anziehen?‹ Damit plagen sich Menschen, die Gott nicht kennen. Euer Vater im Himmel weiß, das ihr all das braucht. Sorgt euch zuerst darum, dass ihr euch seiner Herrschaft unterstellt und tut, was er verlangt, dann wird er euch schon mit all

dem anderen versorgen. Quält euch nicht mit Gedanken an morgen; der morgige Tag wird für sich selber sorgen. Ihr habt genug zu tragen an der Last von heute.«
Das hört sich gut an, was? Mit Vögeln und Lilien und so. Aber ich sage euch: Als ich in Südfrankreich auf dem Parkplatz stand, waren mir die Vögel und Grillen und die Lilien, von denen Jesus in aller Sorglosigkeit spricht, ziemlich egal. Was heißt hier keine Sorgen machen? Ich musste mir welche machen. Ich besaß noch zwei T-Shirts, und vor allem musste ich mir schleunigst eine neue Autoscheibe besorgen.

## Keine Sorge – Selbstfürsorge

Aber schon bei diesem Wort »besorgen« merken wir, dass Jesus seine Rede von der Sorglosigkeit nicht so gemeint haben kann, als brauchten wir uns um nichts mehr zu kümmern, als könnten wir die Hände in den Schoß legen und warten, bis Gott uns das Frühstück bringt.
Selbst den Vögeln, die Jesus hier erwähnt, fliegt das Futter nicht in den Schnabel, sondern auch die müssen den ganzen Tag rumfliegen und Futter besorgen.
Und ich musste losgehen und eine Autoscheibe besorgen, und du musst losgehen aufs Arbeitsamt, um dir eine Stelle zu suchen, du musst deine Kinder versorgen usw. So hat jeder von uns Dinge, für die er zu sorgen hat, und Jesus denkt überhaupt nicht daran, deine Aktivität, deinen Arbeitseinsatz, deine Anstrengungen zu blockieren. Gegen Vorsorge, Fürsorge und Seelsorge hat Jesus nichts einzuwenden. Was meint er aber dann mit seinem Satz: »Macht euch keine Sorgen, was ihr anziehen werdet.«
Wenn das heißen soll, dass es egal ist, ob wir uns und was wir uns für Klamotten umhängen, dann müssten wir alle, zumindest die Frauen, jetzt ein schlechtes Gewissen

haben. Denn eine Frau, die sich keine Sorgen macht um das, was sie anziehen soll, die gibt es auf der ganzen Welt nicht.

## Cool bleiben

Aber da kann ich euch beruhigen. Ihr braucht kein schlechtes Gewissen zu haben, wenn ihr einen Kleiderschrank, einen Kühlschrank oder einen Geldschrank habt. Auch der Wanderprediger Jesus hatte mit seinen Jüngern eine Kasse. Er hat nicht einfach ins Blaue hineingelebt, sondern sich sehr viele Gedanken über die Zukunft gemacht. Ohne planende Vorsorge für die Zukunft kann kein Mensch mit Verantwortungsgefühl leben, auch der Christ nicht.

Wer uns Christen mal während der Woche beobachtet und unsere Gespräche mithört, so wie früher die Stasi, der dürfte kaum auf die Idee kommen, dass wir uns um unser Leben weniger Sorgen machen als andere Leute. Sondern man hat den Eindruck, dass bei uns die Sorge um Essen, Geld und Kleidung, also die Sorge um den Lebensstandard, die gleiche Rolle spielt wie bei andern auch. Zur Zeit muss man sogar sagen, dass in der Kirche noch nie so viel von Geld geredet worden ist wie heute.

So soll es zwar nicht sein, aber so ist es, weil wir Christen für den Liter Sprit genausoviel blechen und Pfirsiche genauso gern essen wie andere Leute auch, also weil wir Menschen sind wie alle anderen. Und die Sorge gehört zum Wesen des Menschen wie die Kälte zum Winter und der Schaum zum Bier. Dass die Sorge zum menschlichen Dasein gehört, das wird hier von Jesus ja nicht verneint, sondern vorausgesetzt. Sorge ist eine eiserne, unumgängliche Lebensnotwendigkeit. Gerade weil das so ist und Jesus uns mit unseren Sorgen ernst nimmt, deshalb nimmt

er hier zu diesem Problem Stellung. Weil er uns nämlich helfen will, mit diesem Lebensproblem fertig zu werden. Denn er sagt ja nicht: »Ihr dürft keine Sorgen haben«, sondern er sagt: Weil ihr Sorgen habt, sage ich euch, wie ihr sie loswerden könnt.

**Die Optik der armen Sau**

Nun klingt seine Rede von der Sorglosigkeit zunächst mal irgendwie wirklichkeitsfremd, romantisch, naiv, von Vögeln und Blumen und so, wie die Rede eines Dichters, Träumers oder Reichen. Klar, wer satt ist und im Schrank ein paar Anzüge von Boss hängen hat, hat keine Kleidersorgen und kann sich eine Portion Romantik leisten. Nun stammt diese Rede hier aber nicht von einem romantischen Dichter oder reichem Playboy, sondern von Jesus. Und der war so arm, dass er nicht mal ein eigenes Bett hatte, geschweige denn einen Kleiderschrank. Der redet hier nicht von oben herab aus der Vogelperspektive, sondern aus der Perspektive eines armen Schweines. Der philosophiert hier nicht, weil er über den Problemen des Lebens schwebt, sondern weil er mit uns darunter leidet und die Probleme unseres Lebens teilt: Das einzige Mal, als er geschwebt ist, da schwebte er zwischen Himmel und Erde, angenagelt an ein Kreuz, um an unserer Stelle die Strafe für unsere Sünden zu erleiden und uns dadurch zu erlösen. Der Mann ist unseren Tod gestorben. Der Mann hat unser Leben gelebt. Und schon aus den äußeren Lebensumständen dieses Mannes wird klar: Der empfiehlt hier nichts, was er nicht selber ernst nimmt und macht.

Jesus gehörte nicht zu denen, die anderen Wasser predigen und selber heimlich Wein trinken, so wie das z.B. Mohammed, der Stifter des Islam, gemacht hat. Der er-

laubte seinen Anhängern den Besitz von Frauen im Harem nur in einem begrenzten Umfang, sich selber aber genehmigte er mehr weibliche Gesellschaft. Er hat das übrigens schlauerweise so begründet, dass er von Gott dazu eine Spezialerlaubnis bekommen hat. Da kann man natürlich nichts machen.

## Auch das sieht Theo logisch

Wie gesagt, so einer ist Jesus nicht. Sondern alles, was er seinen Anhängern sagte, hat er selber praktiziert. Nur aus diesem Grund hat es ja auch für uns einen Sinn, dass wir auf das hören, was Jesus sagt. Denn von Leuten, die uns Sachen empfehlen, an die sie sich selber nicht halten, haben wir genug.
Aber hier ist einer, der genau nach dem lebt, was er sagt. Und er sagt hier also: »Sorgt euch nicht um euer Leben.« Und er sagt das nicht nur so, sondern er begründet es auch, indem er mit logischen Argumenten unseren Verstand anspricht. Wenn du deine Sorgen mal mit kühlem Verstand analysierst, kommst du zu dem Ergebnis: Es ist Unsinn und unnütz, sich Sorgen zu machen. Denn was kommt raus, wenn du dir Sorgen machst? Sorgenfalten im Gesicht sind noch das Harmloseste. Was schlimmer ist, ist Nervosität, schlechte Laune, Gallensteine und Krach mit deiner Frau. Etwas Positives erreichst du mit deinen Sorgen nicht. Mit Sorgen wird nichts gebessert, sondern nur verschlechtert. Ich zum Beispiel – bloß, damit ihr mal seht, was ich für ein Blödmann bin – mache mir manchmal, wenn ich mit dem Auto losfahre, schon eine Rübe, ob ich in der Stadt, in die ich will, einen Parkplatz finden werde. Das ist natürlich absolut idiotisch, und selbst wenn ich mir 300 Kilometer lang Sorgen mache, kriege ich dadurch nicht einen einzigen Millimeter Parkplatz.

## Offener Abend und raus und wupp

Ich muss aber sagen, dass ich in dieser Hinsicht gerade im letzten Jahr einiges gelernt habe. So hatte ich einmal einen Offenen Abend in Stuttgart zu halten. Schon auf den Einladungszetteln stand: »Bitte benutzen Sie öffentliche Verkehrsmittel, da Parkmöglichkeiten kaum vorhanden sind.« Als ich nun abends ins Stuttgarter Zentrum fuhr, sagte mir die Quartiergeberin, es gäbe um diese Zeit kaum eine Chance für eine Parklücke. Aber in den vielen Jahren, in denen sie zum Offenen Abend fährt, hätte Jesus immer für eine Parklücke gesorgt.

Also haben wir jeder im Stillen unsere Stoßgebete losgelassen: »Jesus, wir sind hier als deine Knechte, wir wollen heute Abend für dich Dienst tun. Du weißt, wir haben keine Zeit, noch in der halben Stadt rumzukurven, wir brauchen jetzt für unsere zwei Autos eine Parkmöglichkeit, bitte hilf uns.«

Als ich ankam, fuhr einer aus seiner Parklücke raus, und wupp, schon hatte ich meinen Parkplatz; dem andern Auto ging es genauso. Es hätte überhaupt nichts genützt, sich den ganzen Weg über Sorgen zu machen. Aber das Gebet zu Jesus, das hat genützt.

Jesus wendet sich also zunächst mal an unseren Verstand mit einem ganz logischen Argument, indem er fragt (V. 27): »Wer von euch kann durch Sorgen sein Leben auch nur um einen Tag verlängern?« Dagegen ist wirklich nichts vorzubringen. Im Gegenteil, die medizinische Wissenschaft bestätigt, dass Sorgen das Leben nicht verlängern, sondern verkürzen.

## Zehn Jahre aufs Eis oder mitten ins Herz

Allerdings hat die Medizin heute Mittel, das Leben zu verlängern, die es zur Zeit von Jesus noch nicht gab. So kann man sich zum Beispiel in eine Tiefkühltruhe legen lassen, wie manche Amerikaner das schon tun. Na sagt mal selber – zehn Jahre auf Eis liegen – ist das ein Leben?
Aber auch sonst können uns die Ärzte durch ihre Tricks noch eine Weile über Wasser halten, wo früher schon längst Sense war. Für diese Möglichkeiten der Medizin sind wir auch dankbar. Aber abgesehen davon, dass durch diese Aufschiebung des Sterbens die Sorgen nicht kleiner, sondern eher größer werden, bleibt es ja dabei: Jeder muss, wenn seine Stunde gekommen ist, aus dieser Welt gehen. Durch Sorgen verhindern wir unser Sterben nicht, wir beschleunigen es nur, jedenfalls wird durch Sorgen nichts gebessert.
Aber auch wenn wir das alles verstandesmäßig einsehen, sind wir unsere Sorgen noch lange nicht los. Denn die Sorge sitzt nicht im Kopf, sondern im Herzen. Also in einem Bereich und einer Tiefe, wo kein Verstand, sondern nur der Glaube hinreicht. Deshalb ist die Erlösung von unseren Sorgen auch nicht eine Sache des Verstandes, sondern des Glaubens. Das Gegenteil von Sorge ist nicht Optimismus, sondern Glaube. Und Glaube ist das Vertrauen darauf, dass Gott unser Vater ist, der weiß, was wir brauchen, und der uns gibt, was wir brauchen.
Und deshalb lässt es Jesus nicht bei seinen logischen Argumenten bewenden, sondern er wendet sich an unser Herz und sagt: Eure erste und einzige Sorge muss sein, dass ihr dieses Vertrauen zu Gott habt, Vers 33: »Sorgt euch zuerst darum, dass ihr euch Gottes Herrschaft unterstellt und tut, was er verlangt, dann wird er euch schon mit all dem anderen versorgen.« Oder, wie Luther über-

setzt: »Trachtet zuerst nach dem Reich Gottes und nach seiner Gerechtigkeit, dann wird euch alles andere zufallen.«

## Jesus first!

Das ist nun aber auch wieder das genaue Gegenteil von der üblichen Lebensauffassung. Wer von uns kann denn schon von sich sagen, dass in seinem Leben Gott immer an erster Stelle steht? An erster Stelle kümmern wir uns um unser Vorwärtskommen, unser Einkommen, unsere Nachkommen, und erst danach, an zweiter, dritter, fünfter oder fünfzigster Stelle, kommt Gott. Erst mal was aus dem Leben machen, und wenn sich die Rente und die Gicht einstellt, ist immer noch Zeit, die Frage nach Gott zu stellen.
Auf Beerdigungen habe ich immer wieder erlebt, dass viele Leute meinen: Wenn einer sein ganzes Leben brav gearbeitet und sich um seine Familie gekümmert hat, wenn er also immer sich selbst und seine Leute mit Essen und Kleidung versorgt hat, dann wird ihm auch, wenn ihm die Augen zufallen, automatisch das Reich Gottes zufallen.
Das ist aber die genaue Umkehrung unseres Jesuswortes, und am konsequentesten hat Kwame Nkrumah, der frühere Staatschef von Ghana, diese Umkehrung auf die Spitze getrieben. Dessen Wahlspruch hieß: »Trachtet zuerst nach dem politischen Reich, dann wird euch alles andere zufallen.«
Diese lästerliche Verdrehung eines Bibelwortes war auch auf dem Sockel des Denkmals eingemeißelt, das Nkrumah zu seinen Lebzeiten von sich anfertigen und vor seinem Parlamentsgebäude aufstellen ließ. Das Ergebnis war aber nicht, dass Nkrumah alles andere zufiel, sondern dass er mitsamt seinem Denkmal umfiel. Danach war

Ghana, früher ein reiches Land, ruiniert, und euch ist nicht mal mehr der Name dieses Mannes bekannt, der sich als Messias und Erlöser wie Christus verehren ließ – woraus ihr übrigens ersehen könnt, dass unser Jesuswort seine Gültigkeit nicht nur für einzelne Menschen hat, sondern für ganze Völker und Staaten.

## Tiefdruckgebiet Kleinglaube

Dostojewski hatte recht mit seiner Warnung: »Jene, die Gerechtigkeit zu schaffen meinen, indem sie Christus leugnen, werden am Ende die Welt im Blut ertränken.« Das kommunistische Weltreich, das ohne Gott aufgebaut wurde, hat 140 Millionen Todesopfer gekostet und fällt jetzt vor unseren Augen zusammen. Viele Pfarrer und Kirchenführer haben immer wieder den Satz nachgequasselt: »Der Antikommunismus ist die größte Torheit des Jahrhunderts.« Die Wahrheit ist: Der Kommunismus ist die größte Torheit des Jahrhunderts, und die größten Toren sind die Theologen, die das nicht kapiert haben.
Aber wir wollen uns jetzt nicht über die mörderischen Kommunisten oder Nkrumah entrüsten, denn auch wenn wir es nicht so übertreiben wie die – praktisch machen wir es in unserem kleinen Lebensbereich oft genauso. Wir fragen auch nicht immer als erstes nach Gott. Wir haben nicht genug Vertrauen, dass er für uns sorgt, deshalb machen wir uns unnötigerweise selber Sorgen. Die Zahl unserer Sorgen ist das Barometer unseres Kleinglaubens. Sage mir, wie groß deine Sorgen sind, und ich sage dir, wir klein dein Glaube ist.
Das gilt auch umgekehrt. Ein chinesischer Pfarrer, den die Kommunisten über 22 Jahre ins Straflager gesperrt hatten, schrieb dort: »Alles muss zum Besten dienen. Ich bin mehr als ein Sperling.«

## I‘m singing in the rain …

Wir werden also heute aufgefordert, es einmal andersherum als sonst zu versuchen, also Gott für uns sorgen zu lassen. Jesus schlägt dir vor: »Dreh die Reihenfolge um. Bring zuerst dein Leben mit Gott in Ordnung. Das soll deine Hauptsorge sein. Die Hauptsorge für die Hauptsache. Kümmere dich zuerst darum, dass du‘s Gott recht machst, den Rest macht dann Gott. Der weiß sowieso, was du brauchst.«
Das Wichtigste im Leben ist also der Kontakt mit Gott. Kontakt mit Gott heißt anders ausgedrückt: Beten. Mach aus Sorgen ein Gebet – das ist die Lösung. Und es ist der Titel eines Liedes von Wolfgang Tost:

## Mach aus Sorgen ein Gebet

Wenn du fertig und kaputt bist,
wenn dein Schreien dir nicht hilft,
wenn du sinnlos nur noch rumhängst,
wenn du dich so einsam fühlst:
Mach aus Sorgen ein Gebet.
Mach aus Sorgen ein Gebet,
wenn du Hilfe brauchst.

Wenn dein Hoffen hoffnungslos ist,
wenn dein Sehnen Sehnsucht bleibt,
wenn dein Zweifeln noch mehr zunimmt,
wenn du haltlos resignierst:
Mach aus Sorgen ein Gebet.
Mach aus Sorgen ein Gebet,
wenn du Hilfe brauchst.

Wenn du deinen Mut verlorn hast,
wenn du dich nicht ausstehn kannst,
wenn dein Glaube nicht mehr echt ist,
wenn du Gott nicht mehr verstehst:
Mach aus Sorgen ein Gebet.
Mach aus Sorgen ein Gebet,
wenn du Hilfe brauchst.

Sobald die Sorgen auftauchen, musst du sie in Gebete umwandeln und in dieser Form Gott zur Bearbeitung übergeben. Dazu fordert uns auch unser Wochenspruch auf: »Alle eure Sorge werft auf ihn; denn er sorgt für euch.«

## Keine Bombe ohne Koffer

Sorgen sind ein hochexplosiver Stoff. Wer sie zu lange bei sich behält, dem zerreißen sie das Herz. Als mir bei meinem Herzinfarkt das Herz buchstäblich zerrissen ist, hat das zum Teil bestimmt an meiner Unfähigkeit bzw. an meinem Unglauben gelegen, meine Sorgen völlig an Jesus abzugeben.
Ich hab zuviel in mich reingefressen und das ist lebensgefährlich. Du sollst deine Sorgen nicht tapfer runterschlucken, damit vergiftest du nur dich selber. Du sollst sie nicht verdrängen, so holst du dir nur eine Neurose oder einen Herzinfarkt. Nein, wegwerfen sollst du sie! Alle eure Sorgen werft auf ihn! Wirf sie weg, wie man eine gefährliche Bombe wegschleudert, bevor sie losgeht.
Bevor die Sorge dich zermürbt – wirf sie weg, und zwar direkt Jesus in die Arme. Er steht mit ausgebreiteten Armen vor uns und fängt alle Sorgen auf, besser noch als der Theodor im Fußballtor.
Ihm ist keine Sorge zu hoch oder zu tief, und ihm ist auch

keine Sorge zu unbedeutend. Du kannst mit allem zu ihm kommen – auch mit einem fehlenden Koffer.

Als ich zum Kongress für Weltevangelisation nach Manila geflogen bin, stand ich dort auf dem Flughafen mit den anderen Passagieren und wartete auf meinen Koffer, der sollte dort vor meiner Nase zusammen mit den anderen auf einem Band angefahren kommen. Meiner kam und kam nicht, und ich wurde immer nervöser, zumal vorher einer aus unserer Gruppe erzählt hatte, dass sein Koffer mal aus Versehen nach Australien geflogen wäre.

Als ich so dastand in meiner Aufregung, fiel mir der Psalm 23 ein: »Der Herr ist mein Hirte:« Da gibt es eine moderne Übersetzung, die heißt: »Der Herr ist mein Bewährungshelfer.« Da habe ich gebetet: »Jesus, du bist mein Reiseleiter. Es ist deine Sache, dich um alles zu kümmern, ich rechne damit, dass du dafür sorgst, dass ich meinen Koffer kriege.« So, ab da war ich meine Sorge los, hatte meine Ruhe und bald meinen Koffer.

## Ach könnt' ich doch

»Alle eure Sorge werft auf ihn; denn er sorgt für euch.« Es hat mal einer gesagt: »Das Gebet ist der Transformator, der die unerträglichen Spannungen unseres Lebens in die herrliche Freiheit der Kinder Gottes umformt.«

Du kannst gegen Jesus und seine Rede von der Sorglosigkeit einwenden, was du willst, aber eins musst du zugeben: Diese Rede beschreibt eine atemberaubende Freiheit, und wenn man sie hört, hat man die Sehnsucht: »Tja, wenn das ginge! Wenn ich so leben könnte! Das wäre schön!«

Du kannst! Vielleicht nicht immer, nicht an allen Tagen. Es gibt Tage, da sind die Sorgen so übermächtig, da ist dieses Vertrauen zu Jesus nicht da, wie verschwunden.

Aber du kannst es versuchen! Diese Sorglosigkeit gelingt vielleicht nicht das ganze Leben, aber manchmal, punktuell. Ich hab dir ein paar solcher Punkte aus meinem Leben genannt. Ich möchte dir Mut machen: Glaube an Jesus. Vertrau dich ihm an. Wenn er sagt: »Macht euch keine Sorgen!«, dann ist das kein Befehl, sondern eine Erlaubnis.

**Dont't worry – be happy**

Ihr braucht euch keine Sorgen zu machen. Ihr seid in der Hand Gottes und Gott, euer Vater, sorgt für euch. Das ist Freiheit. Das ist aber wirklich nur was für Menschen, die an Jesus glauben. Den andern bleibt nur das Weiterspielen, Überspielen, Runterspülen der Sorge nach dem Motto: »Es ist ein Brauch von alters her, wer Sorgen hat, hat auch Likör.«

Wenn du es bisher ohne Jesus versucht hast, dann kann sich das ja ändern. Du kannst dich ändern. Wenn du Jesus jetzt als deinen Herrn annimmst, gehörst du ab sofort zu denen, denen sein Versprechen gilt: »Sorgt euch als erstes darum, dass ihr euch seiner Herrschaft unterstellt und tut, was er verlangt. Dann wird er euch schon mit allem anderen versorgen.«

# Peinlich, peinlich ...

Apostelgeschichte 14,1–22 13. Oktober 1991

Auf einem europäischen Flughafen haben sich ein paar kirchenleitende Herren eingefunden. Sie erwarten Dr. Gottfried Osei-Mensah, das ist eine weltweit bekannte Führungspersönlichkeit der internationalen Lausanne-Bewegung für Weltevangelisation. Aus dem Flugzeug steigt ein jung aussehender kleiner Mann mit tiefschwarzer Hautfarbe. Er marschiert auf die Gruppe zu, murmelt etwas auf Englisch, wird aber von den Herren nicht beachtet, weil sie ihn für den Kofferträger von Gottfried Osei-Mensah halten. Der Schwarze stellt seinen Koffer ab und sich selber bescheiden neben die anderen in die Reihe und wartet auf die Dinge, die da kommen werden. Es kommt aber keiner mehr aus dem Flugzeug. Und als der schwarze Passagier sagt: »Ich bin der, auf den Sie warten – ich bin Gottfried Osei-Mensah«, da begreifen die Herren: Der, den sie für den Kofferträger hielten, ist der erwartete Würdenträger. Das war zwar eine peinliche Situation, aber immer noch besser als umgekehrt, wenn einer enthusiastisch begrüßt wird und dann sagt: »Entschuldigen Sie, aber ich bin nicht der, für den Sie mich halten.«

## Zoff nach der Predigt

So ging es mal dem Apostel Paulus, als er in der Stadt Lystra war. Das steht in der Apostelgeschichte, Kapitel 14. Paulus war mit seinem Kollegen Barnabas aus Antiochien rausgeflogen, weil es Krach wegen seiner Predigt gege-

ben hatte. Drei Tage später kommen sie nach Ikonien. Auch dort predigen sie. Auch dort gibt es Krach.

Heutzutage hört man ja selten, dass es wegen Predigten Krach gibt. Wenn sich schon mal jemand über Predigten aufregt, dann meistens deswegen, weil sie so langweilig sind. Nun war Paulus nicht gerade ein Volksredner, der die Leute von den Stühlen riss. Wie er gepredigt hat, das war gar nicht so umwerfend, aber was er gepredigt hat, brachte die Leute zum Steinewerfen, wie in Ikonien, wo sie ihn steinigen wollten.

Dort hatte er über die Gnade gepredigt. Gnade heißt: Gott rettet dich, obwohl du es nicht verdient hast. Von Rettung kann nur geredet werden, wo Gefahr ist. Gott sagt: Du bist in Lebensgefahr. Denn so, wie du bist, bist du verloren und gehst in die Hölle.

Weil Gott aber will, dass du zu ihm in den Himmel kommst, ist er auf eine geniale Idee gekommen. Er hat seinen Sohn auf die Erde geschickt. Der hat die Strafe für deine Sünden, die du verdient hast, auf sich genommen und ist am Kreuz an deiner Stelle gestorben. Er hat deine Schuld mit seinem Blut bezahlt. Das ist Gnade. Nicht du musst für deine Sünde zahlen, sondern Jesus macht das für dich. Wenn du dieses Opfer annimmst, für dich in Anspruch nimmst, Jesus daraufhin ansprichst, bist du gerettet. Die Bibel sagt (Röm 10,13): »Wer den Namen des Herrn anrufen wird, wird gerettet.«

## Is ja gar nich möglich!

Und nun sagen eben viele – heute genauso wie damals in Ikonien: Das ist doch Spinni, das ist doch eine Frechheit. Erstens lassen wir uns nicht einreden, der Mensch wäre ein Sünder, sondern der Mensch ist gut. Zweitens lassen wir uns nicht solchen mittelalterlichen Mist wie die Hölle

aufschwatzen, sondern die Hölle ist eine leere Drohung. Drittens lassen wir uns nicht darauf ein, dass einer, der vor langer Zeit an einem Kreuz starb, etwas mir unserem Leben zu tun hat. Das ist einfach Schwachsinn. Und deshalb, viertens, pfeifen wir auf Jesus.

Solange nur gepfiffen wird, geht's ja noch. Aber wenn Steine durch die Luft pfeifen, sieht die Sache anders aus. Damals wollten sie Paulus und Barnabas steinigen und da sind die beiden abgehauen und landeten in einer Stadt namens Lystra. Als Paulus dort predigt, gibt's wieder einen Riesenkrach. Dabei fing alles so gut an.

Paulus ist also am Predigen, da entdeckt er unter seinen Zuhörern einen Behinderten. Der Mann war gelähmt und hatte seit seiner Geburt noch nie einen Schritt gehen können. Aber hören kann er. Und das macht er. Er hört zu und, so heißt es hier in Vers 9, er glaubt. Damit haben wir wieder mal einen der vielen Fälle, die die Bibel erwähnt, wo ein Mensch bei der ersten Predigt, die er hört, Christ wird.

Heute wird immer behauptet, das ginge nicht so schnell, da müsste man erst noch vieles vorher klären. Klar, das stimmt, aber nicht immer. In der Bibel und in der Praxis kommt es oft vor, dass sich einer gleich bei der ersten Predigt bekehrt. Und wenn du heute zum ersten Mal von Jesus hörst, dann kannst du dich auch heute bekehren, wenn du willst. Du brauchst nur zu sagen: »Ja, Jesus, ich will. Ich will dir glauben und mit dir leben.«

Paulus merkt, dass der gelähmte Mann sich seiner Botschaft öffnet und glaubt. Wie er das gemerkt hat, weiß ich nicht, aber ich weiß: Man kann es manchmal Menschen ansehen, was in ihnen vorgeht.

## Ganz aktuell

Ich hab mal ein vierzehnjähriges Mädchen beerdigt. Das hatte ein anderer Vierzehnjähriger erschossen, aus Versehen, während einer Veranstaltung der »Gesellschaft für Sport und Technik«. Bei der Beerdigung war die ganze Halle vollgestopft mit Schülern, Lehrern, Funktionären der FDJ und Vertretern von Staat und Stasi. Ich habe – zitternd, aber frei von der Leber weg – davon geredet, dass Schusswaffen nicht in Hände von Kindern gehören.

Die Zuhörer fanden das unerhört, sie versteinerten zusehends – und ich redete gegen eine verschlossene Wand von finsteren Betongesichtern. Da entdeckte ich in der ersten Reihe ein Gesicht, das absolut offen war. Das war das Gesicht der Oma des erschossenen Kindes. Die hörte mir mit aufgerissenen Augen und sichtbarer Zustimmung zu. Sie hat mir hinterher erzählt, dass sie immerzu gedacht hat: »Los, Pfarrer, sag die Wahrheit.«

Also, das hab ich irgendwie mitgekriegt. So ungefähr muss das beim Paulus gewesen sein, als er mitkriegt, dass der gelähmte Mann ihm seine Botschaft abnimmt und glaubt. Da wendet er sich mitten in seiner Predigt diesem Mann zu und sagt mit lauter Stimme, dass es alle hören können: »Stell dich auf die Füße!« Und da heißt es hier, Vers 10: »Und er sprang auf und ging los.«

Ich zweifle nicht eine Sekunde, dass das wirklich so passiert ist. Ich zweifle auch nicht eine Sekunde, dass so was auch heute passiert, in unserer Zeit. Denn Jesus, durch dessen Kraft Paulus den Mann geheilt hat, ist ja heute derselbe wie damals, hat die gleiche Kraft und kann heute die gleichen Wunder tun wie damals. Er kann es nicht nur, er tut es auch. Er heilt auch in unseren Tagen kranke Menschen auf wunderbare Weise. Ich habe selber so eine Heilung miterlebt, und es gibt Leute, die das mitbezeugen können.

## Steck den Kopf nicht in den Sand

Da war eine Frau, die hatte Krebs, und die Ärzte hatten sie aufgegeben. Sie hatten dem Ehemann schon gesagt, dass seine Frau nicht mehr zu retten sei. Die aber ist durch Gebet geheilt worden und lebt heute noch. Weil ich das bezeugen kann, kann mir niemand nachreden, ich würde daran zweifeln, dass auch heute noch Krankenheilungen durch Jesus geschehen.
Aber ich bezweifle, dass Krankenheilungen eine Missionsmethode sind, gleich gar nicht in öffentlichen Veranstaltungen, wo die Heilungen schon vorher als Programmpunkt auf dem Einladungsplakat stehen. Und ich bezweifle, dass die Wundersucht, die in manchen kirchlichen Kreisen wuchert, biblisch gesund ist.
Es gibt nicht nur eine Sucht nach Drogen, es gibt auch eine Sucht nach Wundern, und das ist nicht normal. Normal ist, dass man mit Wundern rechnet. Es hat meines Erachtens keinen Sinn, sich Christ zu nennen, wenn man keine Wunder erwartet. Aber die Wundersucht und der Rummel, den manche drumherum machen, entspricht nicht der biblischen Norm. Die biblische Norm ist so: Gott tut Wunder, aber nur der Glaubende versteht sie richtig.

## Sorry, kleine Verwechslung

Hier in unserem Fall ist es so, dass der Mann erst glaubt und dann geheilt wird, aber alle anderen verstehen das Wunder falsch und kriegen die Sache in den falschen Hals. Denn als die Massen sehen, wie der Gelähmte losgeht, geht keine Erweckung los, sondern ein Heidenlärm, bei dem die Apostel kein Wort mehr verstehen. Ein Aufschrei wie bei einem Fußballtor, und dann brüllen alle aus voller Kehle Vers 11: »Die Götter sind den Menschen

gleich geworden und zu uns heruntergekommen.« Die haben also gedacht, Paulus und Barnabas wären Götter! Und sie wussten auch gleich, welche, nämlich die beiden obersten, die sie damals hatten, Vers 12: »...und nannten Barnabas Jupiter und Paulus Merkur.«

Kein Wunder, dass die bei so einem Wunder so was denken, denn sie waren ja Heiden, die an Götter glaubten, die sich manchmal in Menschengestalt einen Kurzurlaub auf der Erde leisteten. In ihrer Religion gab es so eine Sage, dass Jupiter und Merkur mal in Menschengestalt da waren, und die Sage spielt ausgerechnet dort in der Nähe. Es war also naheliegend, dass die guten Leute dachten: »Es ist mal wieder soweit: Die Götter kommen persönlich zu Besuch!« Das Dumme war nur, dass Paulus und Barnabas gar nicht schnallten, was die Leute für Unsinn schnatterten. Das lag daran, dass die vor Aufregung in ihren Heimatdialekt verfielen, und den konnten die beiden Apostel nicht verstehen – wer versteht schon Lykaonisch! Bisher war das Ganze auf Griechisch gelaufen. Griechisch war damals Weltsprache so wie heute Englisch, das verstanden alle. Und wenn Paulus auf Griechisch gesagt hatte: »Steh auf und geh«, verstand das jeder – so wie heute jeder (egal, ob in Tokio, Borneo oder irgendwo) versteht, wenn einer sagt: »Stand up and go.«

Bloß als der dann wirklich aufstand und ging, gingen den Leuten von Lystra die Nerven durch, und sie brüllten ihre Sprüche auf Lykaonisch, und das hatten die beiden Apostel nicht drauf. Sie wussten also zunächst überhaupt nicht, dass sie von der Bevölkerung soeben in den Stand von verdienten Göttern des Volkes erhoben worden waren. Es gab um sie herum ein Riesengewinke und Geschubse und Gepläke, und erst, als die Ochsen mitpläkten, dämmerte den beiden, was hier gespielt wurde. Vom Jupitertempel her erschien nämlich eine feierliche Dele-

gation von Jupiter-Priestern, und diese Yuppies führten ein paar Ochsen, die waren geschmückt mit Kränzen, und das Ganze sah verdächtig nach einer Opferprozession aus.

Und da begreifen Paulus und Barnabas: Diese Ochsen halten uns für Götter. Die verwechseln uns mit ihren Götzen. Die wollen uns ein Götzenochsenopfer bringen. Als die beiden das mitkriegen, brennt bei ihnen die Sicherung durch. Auf der Stelle nehmen sie ein Bad in der Menge, und wie sich's bei einem Bad gehört, haben sie sich vorher ausgezogen. Sie zerreißen – als Zeichen höchster Empörung – ihre Klamotten und springen in Unterhosen unters Volk und schreien aus Leibeskräften: »Ihr Hirnis, wir sind nicht die, für die ihr uns haltet!«, Vers 15: »Ihr Männer, was macht ihr denn da? Wir sind auch sterbliche Menschen, genau wie ihr. Mit unserer Predigt vom Evangelium wollen wir doch gerade erreichen, dass ihr euch bekehren sollt von diesen falschen Göttern zu dem lebendigen Gott, der Weltall, Erde und Meer gemacht hat und alles, was darin ist.«

## Mach mal deine Augen auf

Abkehr von den falschen Göttern, Umkehr vom falschen Weg, Hinkehr und Heimkehr zum lebendigen Gott – das ist Bekehrung. Das ist das Ziel der Predigt der Apostel. Das ist das Ziel meiner Predigt. Das ist das Ziel Gottes mit dir. Gott möchte, dass dein Leben in Ordnung kommt, dass du ein gutes Gewissen bekommst, dass du endlich Frieden hast. Du hast bisher vielleicht noch nichts mit Gott zu tun gehabt, aber Gott hatte schon mit dir zu tun. Er hat dir Gutes getan, dich gutes Geld verdienen lassen, dir gut zu Essen gegeben und überhaupt Freude verschafft. So sagt es hier der Paulus, Vers 17:

»Gott hat sich selbst nicht unbezeugt gelassen, hat viel Gutes getan und euch vom Himmel Regen und fruchtbare Zeiten gegeben, hat euch ernährt und eure Herzen mit Freude erfüllt.«

Das ist ja auch Gnade, dass wir in einer Gegend der Erde geboren wurden, wo es genug zu essen gibt und niemand verhungern muss. Wir alle haben im letzten Jahr eine Menge Gutes genossen, was wir in der Zeit, als die Genossen die Macht über uns hatten, nicht hatten. Von A bis Z, vom Auto bis zum Zivildienst reichen die Freuden und Errungenschaften. Und während weltweit die Situation für Millionen Menschen täglich schlechter wird, wird es bei uns täglich besser. Der Sozialismus, der unser Land getötet hat, ist tot, wir haben keine Not, Auslandsreisen und freie Meinungsäußerung sind unser täglich Brot. Das einzige, was unserem Volk fehlt, ist die Dankbarkeit gegenüber Gott. Dem marxistischen Materialismus sind wir gerade noch entschlüpft, aber jetzt fahren alle voll ab auf den Materialismus westlicher Machart. Das Land ist übersät mit Imbissbuden, vor denen Tag und Nacht ein kauendes Völkchen steht. Unser Volk frisst. Manchmal möchte man dazwischenspringen und schreien: »Begreift doch endlich! Der Materialismus, egal ob marxistisch oder marktwirtschaftlich, ist der falsche Gott, das reicht als Lebensgrundlage nicht aus, deshalb bekehrt euch zu dem lebendigen Gott!« Ein Leben lang hat Gott dir zu essen gegeben und auf diese Weise durch Butterbrote zu dir gepredigt. Heute predigt er zu dir durch sein Wort und sagt dir: Bekehre dich! Denn nur, wenn du mit Gott gehst, geht dein Leben gut. Wohin ein Leben ohne Gott führt, habt ihr ja gesehen. Da gab's ja nicht einmal eine Imbissbude. Aber denk nicht, weil's jetzt Imbissbuden gibt, ist das Leben gelaufen. Ohne Gott wird deine Seele zwischen Imbissbuden, Geldinstituten und Sonderangeboten

verhungern! Wenn du leben willst, dann lauf nicht länger in die falsche Richtung. Dann komm und kehr um zu Gott!

## Theos Bekehrungsplatte? Nein danke!

Als Paulus und Barnabas anfangen, von der Bekehrung zu predigen, verkehrt sich die Situation total. Eben noch wurden sie als Götter bejubelt, jetzt werden sie als Gegner bekämpft. Die gleichen Leute, die ihnen eben noch Opfer bringen wollten, wollen sie jetzt umbringen. Sie greifen nach Steinen und fangen an, Paulus damit zu bombardieren. Als er einen Kranken heilte, war die Masse high. Als er ihnen sagte, wie ihr eigenes Leben heil werden kann, war's mit der Begeisterung vorbei. Als Paulus den Kranken heilte, hat er den Geschmack der Massen getroffen, das war religiöse Bedürfnisbefriedigung zur rechten Zeit, so einen Prediger empfindet man als göttlich, von der Sorte könnten wir heute paar Dutzend mehr gebrauchen. Aber als er zur Bekehrung auffordert, hat er bei den Massen verspielt. Da macht er sich unbeliebt. So einen Prediger empfindet man als unmöglich, überheblich, überflüssig und die Aufforderung zur Bekehrung als Beleidigung. Bekehrung – wozu das? Hab ich das nötig? Ich soll mich ändern?
Das kommt mir doch sehr bekannt vor, auch hier aus diesem Gottesdienst. Wenn's ein paar scharfe Sprüche gibt, das schmeckt euch. Und wenn's hier noch ein paar Heilungen gäbe, da wär' die Bude wieder voll. Aber wenn ich auf das Thema Bekehrung komme, komme ich bei vielen von euch nicht mehr an. Theos Bekehrungsplatte? Nein danke!
Natürlich bin ich dankbar, wenn mich höflicherweise niemand mit Steinen beschmeißt. Aber manchmal wäre mir

ein wirklicher Widerspruch lieber als euer freundliches Wiederkommen. Ich hab manchmal den Eindruck, viele von euch sind bekehrungsimmun. Selbst mit den spitzesten Predigten seid ihr nicht mehr zu provozieren, ihr habt euer Herz gegen den Stachel des Evangeliums mit Gewohnheitsspeck abgedichtet. Aber ich glaube weiter unbeirrt, dass Gott die härtesten Panzer um Herzen von Heiden und Christen schmelzen kann wie eine Kinderhand ein Schöller-Eis.

## Nicht leicht, sondern Leid

Den Paulus haben sie wegen seiner Bekehrungspredigt gesteinigt, zur Stadt rausgeschleift und auf die Müllkippe geschmissen. Seine Gegner und die Jünger hielten ihn für tot. Aber als die Jünger um ihn rumstehen, rappelt der sich wieder auf. Ich stelle mir das so vor wie beim Fußball. Da liegt manchmal einer wie tot, und du denkst: »Den hat's erwischt, den tragen sie auf der Bahre vom Rasen« – und auf einmal rappelt der sich hoch und rennt wie ein Wiesel über die Wiese.
Paulus steht auf. Aber statt sich gesundpflegen zu lassen, statt sich zumindest aus dem Staub zu machen, marschiert er in die Stadt zurück, wandert am nächsten Tag zur nächsten Stadt, predigt, bekehrt viele Heiden, bestärkt viele Christen und sagt ihnen, Vers 22, dass »wir durch viel Leid in das Reich Gottes gehen müssen«.
Und das ist nun das Letzte, was ich euch heute noch sagen muss. Der Weg ins Reich Gottes ist nicht leicht, sondern Leid. Das ist natürlich eine äußerst unpopuläre Äußerung. Wohlstand und Wohlfühlen, das sind die Götzen von heute. Wer das den Leuten verspricht und verschafft, der ist der Größte. Aber leiden – selber leiden, für andere leiden, mit anderen leiden – davon will kein Publikum

was hören. Bis in die innersten Reihen der Kirche hinein hat sich das Wohlfühldenken eingeschlichen. Die Devise vieler junger Christen heißt: »Ich mach‘ nur das, was Spaß macht!« Mit dieser Einstellung machst du Gott bestimmt keinen Spaß. Gerade den Wohlfühlfanatikern und den Wundersüchtigen, die das Leid, auch das Krankheitsleiden, umgehen und die Menschen durch Heilungswunder ins Reich Gottes bringen wollen, muss gesagt werden: »Wir müssen durch viel Leid ins Reich Gottes gehen.«
Ich kenne keinen einzigen der Großen im Reich Gottes, der nicht auch hätte leiden müssen, angefangen beim Apostel Paulus über Martin Luther bis zu Martin Luther King, und sogar der Heilungsprediger John Wimber hat ein Augenleiden und muss eine Brille tragen.
Leiden sind normal und gehören zum Christenleben. Wenn wir im Augenblick mal von Gott eine Verschnaufpause geschenkt bekommen und wegen unseres Glaubens nicht zu leiden haben, dann wollen wir dafür dankbar sein. Aber wir sollten nicht so naiv sein zu denken, das würde immer so bleiben. Es bleibt dabei: »Wir müssen durch viel Leid in das Reich Gottes gehen.«

# Lot

1. Mose 19 — 8. Dezember 1991

Lot war der Neffe von Abraham, hatte sich von ihm getrennt, hatte in Sodom um Asyl gebeten und war dort sesshaft geworden. Er hatte geheiratet, sich ein Grundstück gekauft, ein Geschäft eröffnet – »Lots Lottostuben« – und lebte nun als friedlicher Bürger mit Häuschen und Garten. An den Schweinereien der Sodomiter hat er sich nicht beteiligt. Er ist nicht dem Sodomitischen Playboyclub beigetreten und hat keine pornographischen Schriften abonniert. Er ist nicht fremdgegangen. Er ist einen eigenen Weg gegangen.
Die Lebensweise der gottlosen Sodomiter lehnte er zwar ab, aber er lehnte sich auch nicht dagegen auf. Er hat nicht direkt mitgemacht, aber er hat auch nicht dagegen protestiert. Er hat ganz einfach zu dem Geist von Sodom, zu dem himmelschreienden Unrecht in dieser Stadt, geschwiegen.

**An weiter nichts als nichts denk ich nicht**

Martin Luther King hat einmal gesagt: »Wer ein unrechtes System untätig hinnimmt, arbeitet mit diesem System zusammen.« In diesem Sinn waren wir alle mehr oder weniger inoffizielle Mitarbeiter der Stasi. Denn die meisten von uns haben meistens geschwiegen, weil sie Angst hatten. Und die wenigen, die das ungerechte System des Stasi-Sozialismus nicht untätig hingenommen haben, haben schwer dafür büßen müssen. Auch Martin Luther King haben seine Überzeugung und sein Handeln sein Leben gekostet. So was wollte Lot lieber vermeiden. Deshalb hielt er die Klappe.

Nun kommt aber im Leben jedes Menschen, der noch so etwas wie ein Gewissen hat, ein Moment, wo er nicht mehr schweigen kann. Es ergeben sich manchmal plötzlich Situationen, wo man alle Vorsicht, alle Taktik, alle Berechnung sausen lässt. Wo man einfach der Stimme seines Gewissens folgt, ohne nachzudenken, was das für Folgen haben könnte. Wo man das Rechte tut, einfach weil es das Rechte ist.
So eine Situation kommt eines Tages für Lot, und da zeigt sich, dass dieser Mann die Gebote Gottes noch nicht vergessen hat. Das kam so: Eines Abends sitzt er am Stadttor von Sodom, raucht sein Pfeifchen und blinzelt in die untergehende Sonne. Als er so an weiter nichts denkt, da denkt er: »Woran denk ich eigentlich gerade?« – da stehen plötzlich zwei Männer vor ihm, Fremde, offenbar Reisende. Er weiß nicht, wer die beiden sind. Aber er weiß sofort, was die beiden brauchen: ein Nachtquartier. Er kann sich noch gut an die Zeiten erinnern, als er selber noch draußen umherirrte, und er weiß: Außerhalb der Stadtmauern zu übernachten ist nicht nur unbequem, sondern auch gefährlich. Für die beiden Fremden ist also ein Unterschlupf in der Stadt, jetzt, bevor die Nacht anbricht, lebenswichtig. Es ist das einfachste Gebot der Menschlichkeit, den beiden ein Bett anzubieten. Und ohne sich auch nur eine Sekunde zu besinnen, lädt Lot die beiden ein: »Kommt rein, bei mir könnt ihr pennen, und Essen kriegt ihr auch.«

## Nix ponimai!

Natürlich musste Lot wissen, dass er damit bei den Bürgern von Sodom aneckte. Eine Einladung an Fremde mussten die als glatte Provokation auffassen. Bei denen war das Wort »Gastfreundschaft« unbekannt. Für Fremde,

Herumtreiber, Ausländer, Auswanderer, Asylanten, Andersdenkende, überhaupt für andere Menschen hatte man dort nichts übrig. Sollen die doch zu Hause bleiben! Und wenn sie schon unbedingt in unsere Stadt kommen, dann sollen sie gefälligst selber sehen, wie sie zurechtkommen, was geht uns das an? So dachten die Bürger von Sodom. Und wenn ein Fremder was fragte, sagten sie: »Nix ponimai« – und fertig.

Das kennen wir ja in unseren Städten auch, dass Ausländer kaltschnäuzig abgefertigt werden. Aber Ausländer sind nun mal oft Menschen in Not, jedenfalls sind es Menschen, die unsere Sprache nicht oder nur mangelhaft beherrschen. Ausländer sind ganz besonders darauf angewiesen, dass wir ihnen mit einem bisschen Verständnis und Hilfsbereitschaft entgegenkommen. Wenn uns ein Ausländer in gebrochenem Deutsch nach etwas fragt, dann ist es doch das primitivste Gebot der Menschlichkeit, dass wir versuchen, ihm zu helfen. Und ich finde, wir sollten gar nicht erst warten, bis wir gefragt werden, sondern sollten von uns aus unsere Augen aufsperren, ob uns einer braucht.

Man sieht doch manchmal Ausländer auf der Straße, denen man an der Nasenspitze ansieht, dass die irgendwas suchen und nicht Bescheid wissen. Da kann man ja auch mal von selber hingehen und seine Hilfe anbieten, vielleicht mal zwei Straßenecken mitgehen und den Weg zum Kaufhof zeigen. Aber nein, die Einstellung vieler Bürger ist: »Was wollen die denn hier? Sollen gefälligst zu Hause bleiben. Und wenn sie schon bei uns in der Stadt rumrennen, sollen sie doch selber sehen, wie sie zurechtkommen. Was geht uns das an?«

## Nackedeis sind mein Untergang

Lot kann sich an diese ruppige Art nicht gewöhnen. Er macht den Fremdenhass der Sodomiter einfach nicht mit. Folge: Er zieht sich selber den Hass der Sodomiter zu. Er beugt sich der Diktatur der öffentlichen Meinung nicht, sondern macht mit den Ausländern gemeinsame Sache: »Kommt rein! Ihr seid meine Gäste!«

Als das rauskommt, kommt es zu einem ungeheuren Skandal, ungefähr wie in Hoyerswerda. Wer da in Sodom Beine hatte und wenig Grips unter der Platte, rottete sich randalierend vor Lots Haus zusammen. Randale war angesagt, Pogromstimmung lag in der Luft, heute abend ist Ausländerklatschen. Zum ersten Mal in der Geschichte der Menschheit, wie sie die Bibel beschreibt, brüllt eine Volksmenge: »Ausländer raus!«

Aber bevor ich euch die Sache weiter erzähle, muss ich erst mal sagen, wer die beiden Unbekannten sind. Es handelt sich um die Boten, die Gott geschickt hat, um den Untergang von Sodom anzukündigen und Lot aus der Katastrophe zu retten. Solche Boten Gottes werden in der Bibel, auch hier in unserer Geschichte, als Engel bezeichnet.

Wenn ihr »Engel« hört, denkt ihr natürlich gleich an Mädchen im Nachthemd mit Flügeln und so, wie sie zu Weihnachten scharenweise besonders das deutsche Gemüt bevölkern. Nun gebt's doch zu, dass ihr zu Hause auch auf eurem Fernseher so eine Engelbrigade aufgestellt habt, ordentlich in Reih und Glied, wie es die deutsche Zucht verlangt. Unsere Vorstellung von Engeln ist geprägt von Darstellungen aus der Kunst, wo kleine Nackedeis mit kurzem Hemd und knackigem Po auf Wolkenbänken rumhängen und Flöte spielen.

## Keiner versteht mich

Engel sein ist ein harter Job und hat nichts zu tun mit den weichlichen Engelsabbildungen, von denen manche Altäre schamlos überwuchert werden. Und viele Darstellungen von Engeln mit Brigitte-Bardot-Oberweite und Tina-Turner-Popo sind doch nichts als Kirchen-Porno, aber nie im Leben Engel, wie sie die Bibel beschreibt. In der Bibel sind Engel erstens keine Püppchen, sondern Persönlichkeiten, zweitens keine Frauen, sondern Männer.

Hier in unserer Geschichte werden die beiden Männer ausdrücklich als Männer bezeichnet (Vers 10) und demzufolge auch von Lot mit »Liebe Herren« (Vers 2) angeredet. Und auch sonst – wo wir in der Bibel Namen von Engeln erfahren, sind die männlich: Michael, Gabriel ...

Jedenfalls können Engel so aussehen wie irgendeiner von uns. Gott kann jeden Menschen als Engel, als seinen Boten benutzen, um einem anderen eine Botschaft auszurichten. Ich selber bin in diesem Sinne in meinem Leben mehrmals von Gott so benutzt worden und bin solchen Engeln begegnet.

So fuhr ich zum Beispiel vor ein paar Jahren abends mit meiner Frau aus der Stadt nach Hause. Es war spätabends und finster. Auf der Kreuzung bei der Schlossteichtankstelle stand ein Auto mit Rumänen, die sich offenbar nicht zurechtfanden. Ich also angehalten, gefragt, ob ich helfen kann, aber es war keine Verständigung möglich. Das einzige, was ich verstand: Die wollten raus zur Autobahn. Ich also mit Zeichensprache erklärt: Ich fahre vorneweg, ihr fahrt mir hinterher, ich bringe euch hin.

Kurz vor der Autobahnauffahrt habe ich dann angehalten und versucht, mit der Landkarte zu erklären, welche Auffahrt sie nehmen müssen. Aber wieder keine Verständi-

gung möglich – ich konnte kein Rumänisch, die kein Deutsch.
In diesem Moment taucht aus Nebel und Dunkelheit ein Radfahrer auf. Das war um diese Zeit, nach 22.00 Uhr, schon seltsam genug. Es war ein Radsportler mit so ulkigen Hosen und Schirmmütze, das war um diese Zeit noch seltsamer. Und der fragt: »Kann ich helfen?« Ich sage: »Nee, außer wenn Sie Rumänisch können.« Darauf schnattert er rumänisch auf die Rumänen ein, erklärt den Weg, schwingt sich auf sein Rad und verschwindet im Dunkeln.

## Ausgebrüdert und zugezogen

Solche Dinger habe ich auf den Straßen unserer Stadt und anderswo erlebt, Engelgeschichten könnte ich euch noch einige erzählen. Gott kann jeden Menschen als Engel, als seinen Boten, benutzen, ohne dass er es selber weiß, dass er einen Befehl von Gott ausführt, auch ohne dass der andere weiß, dass er es mit einem Engel Gottes zu tun hat. In der Bibel – Hebräer 13,2 – steht: »Vergesst nicht, gastfrei zu sein. Denn dadurch haben schon manche, ohne es zu wissen, Engel beherbergt.«
So ging es dem Lot. Der hatte keine Ahnung, wer die beiden Unbekannten waren. Für ihn waren es einfach zwei Menschen in Not, denen er ein Bett anbot. Dieser einfache Akt der Menschlichkeit erregte nun sofort den Hass der anderen.
Lot war in der Bindung seines Gewissens an Gott der einzige in der ganzen Stadt, der frei war gegenüber dem Terror der öffentlichen Meinung. Er hat als einziger gewagt, sich in einer unmenschlichen Gesellschaft menschlich zu benehmen. Damit hat er die ganze Barbarei der Sodomiter bloßgestellt. Damit weicht er von der offiziellen Linie ab und wird selber zum Volksfeind gestempelt. Denn al-

les, was Beine hat, Junge und Alte, die gesamte Bevölkerung aus der ganzen Umgebung, marschiert jetzt vor seinem Haus auf und brüllt in Sprechchören: »Ausländer raus!« 1.Mose 19,5: »Raus mit den Männern!«
Solchen randalierenden, durch demagogische Parolen aufgeheizten Massen kann der einzelne weder mit vernünftigen Argumenten noch mit dem Appell der Sachlichkeit begegnen. Lot gibt sich einen Moment der Illusion hin, er könne mit den aufgeputschten Massen verhandeln. Er tritt vor sein Haus und sagt: »Ach, liebe Brüder, treibt's doch nicht so übel!« Aber jetzt hat's sich ausgebrüdert: Die Sodomiter haben klar erkannt, dass der Lot eben doch nicht zu ihnen gehört. Er ist ja selber kein Einheimischer, kein Eingeborener, sondern ein Zugezogener. Und genau das werfen sie ihm vor: »Hau ab, Mann! Du bist hier der einzige Ausländer und willst uns Vorschriften machen? Pass auf, dich machen wir noch mehr fertig als die anderen« (Vers 9).
Eines Tages werden auch die Mitläufer von den gleichen Stiefeln, die sie vorher so eifrig geleckt haben, zurückgestoßen. Barbaren vertragen keine Kritik, die wollen nur Beifall. Bert Brecht hat in einer Ballade geschrieben: »Doch zu dem Schmutze eurer schmutzigen Welt gehört – ich weiß es – meine Billigung.«

## Gott ist ein Witzbold

Die Barbaren von Sodom akzeptierten nur Leute, die ihre Barbarei aktiv unterstützen. Wer nicht mitmacht, wird fertiggemacht. Also stürzen sie sich auf den Lot und wollen ihm an den Kragen, aber in diesem kritischen Moment packen ihn die beiden Boten am Genick, zerren ihn zurück und verrammeln von innen die Tür, während draußen der Pöbel versucht, die Tür mit Gewalt aufzubrechen.

Und jetzt steht hier in der Bibel etwas ganz Merkwürdiges, das muss ich euch vorlesen: »Da schlugen sie (gemeint sind die Engel) die Leute vor der Tür des Hauses, klein und groß, mit Blindheit, so dass sie es aufgaben, die Türe zu finden.« Es handelt sich hier um eine ernste Situation, aber ich muss schon sagen, Gott ist manchmal ein Witzbold. Wenn ich mir das plastisch vorstelle, wie die Massen, im wahrsten Sinne des Wortes blind vor Wut, an der Hausmauer langtapsen, sich gegenseitig hinschubsen, an der Tür rumfummeln und nach der Klinke grabschen, ohne sie zu finden – also das finde ich einfach köstlich! In Psalm 34 steht: »Der Engel Gottes lagert sich um die her, die Gott fürchten, und hilft ihnen.« Das hat der Lot erlebt: Weil er Engel in seinem Haus hatte, konnten seine Feinde nicht an ihn ran. Auch das habe ich schon erlebt, z.B. hier in diesem Jugendgottesdienst. Als wir mit dem Gottesdienst in der Schlosskirche anfingen, da kamen Tausende, die Hälfte musste stehen, die Gänge waren verstopft, keiner konnte sich rühren, es war gefährlich eng im Schiff, aber wir waren glücklich.

**Ein Lied zwo drei**

Und genau das hat manche geärgert. Es gab eine Menge Leute, denen war der Jugendgottesdienst ein Dorn im Auge. Die störte das, und deshalb wollten die uns stören. Und einmal haben sie sich (ich weiß nicht, wer das war) einen ganz besonderen Gag ausgedacht. Da hat jemand, während wir drin waren, von außen die Türen zugeschlossen. Drin hat das keiner gemerkt, ich selber habe das auch erst hinterher erfahren. Aber ihr könnt euch vielleicht vorstellen, was das für ein Gerangel und eine Katastrophe gegeben hätte, wenn am Ende des Gottesdienstes, wo alle rauswollten, die Türen zugewesen wären.

Waren sie aber nicht, und das kam so: Während des Schlussliedes – »Besser sind wir nicht, aber besser sind wir dran« – kam irgend jemand zu mir und sagte: »Wir haben Lust, noch ein Lied zu singen.« Und ganz gegen meine Gewohnheit, mein festes Gottesdienstprogramm nicht zu ändern, habe ich gesagt: »O.k.«, und da haben wir noch ein Lied gesungen, das hieß: »Mein Gott lebt.« Inzwischen wollten die ersten abrücken, das ging aber nicht, weil die Tür zu war. So wurde das im letzten Moment entdeckt, und dadurch, dass wir noch außerplanmäßig ein Lied sangen, konnten schnell die Schlüssel geholt und aufgeschlossen und eine Katastrophe vermieden werden. Ich weiß nicht, wer die Idee gehabt hat, zusätzlich noch ein Lied zu singen. Das ist ja auch schnuppe. Ich bin jedenfalls der Meinung: Der, dem Gott diese Idee in die Rübe gegeben hat, ist von Gott als sein Bote benutzt worden, denn mit dieser Idee war er für alle der rettende Engel. Und ihr könnt sicher sein: Auch an der Tür dieser Lutherkirche stehen Gottes Engel und passen auf, dass niemand die Kinder Gottes antasten kann.
Es ist wahr, was die Bibel sagt: »Der Engel Gottes lagert sich um die her, die Gott fürchten, und hilft ihnen.« Und es war für mich auch kein Zufall, dass wir ausgerechnet dieses Lied gesungen haben: Mein Gott lebt, mein Gott lebt.

**Lange Nacht, ganz unbedacht**

Wenn ich euch hier von Gott erzähle, wie er den Lot durch seine Engel geschützt hat, dann wärme ich keine alten Beduinenmärchen auf, sondern ich erzähle euch das deswegen, weil dieser Gott lebt und heute noch genauso handelt wie vor 4000 Jahren.
Und noch etwas möchte ich zum Schluss sagen. Vor 2000

Jahren, da kamen auch zwei Menschen in eine fremde Stadt, die hieß Bethlehem. Niemand in dieser Stadt war bereit, ihnen ein Nachtquartier zu geben. Da mussten sie in einem Stall unterkrauchen, und dort wurde unter unmöglichen Bedingungen ein Kind geboren, von dem die Engel Gottes sagten: Das ist der Sohn Gottes, der Herr.
Und heute, 2000 Jahre später, da geht die Frage an dich: Bist du bereit, Jesus, den Sohn Gottes, als deinen Herrn in dein Leben aufzunehmen? Es war schon immer etwas unpopulär, Gottes Boten aufzunehmen. Für Lot war es die Rettung. Wenn du Jesus aufnimmst, ist das für dich die Rettung.

# Ein Großmaul klappt zusammen

Matthäus 26,31–75 12. April 1992

Wer von euch hat wirklich einen festen Standpunkt? Ich wünsche ihn jedem von euch. Jesus ist der sicherste Standpunkt der Welt. Es ist das Beste für dich und dein Leben, wenn du auf Jesus stehst.
Aber ich sage dir: Keiner kann für sich garantieren. Du bist ein junger Mann und sagst heute: »Ich werde nie einen Menschen umbringen.« Du bist eine junge Frau und sagst heute: »Ich werde nie ein Kind abtreiben.« Du bist ein überzeugter Christ und sagst heute: »Ich werde nie aus der Kirche austreten.«
Schön. Ich wünsche dir, dass du dabei bleibst. Ich wünsche dir, dass du fest stehenbleibst bei Jesus und seiner Lehre – egal, was kommt.

**Stasisülz**

Aber ich sage dir: Es kann auch ganz anders kommen. Du kannst in Situationen kommen, wo dir die Angst die Kehle zuschnürt. Die Angst, deinen Beruf zu verlieren; die Angst deinen guten Ruf zu verlieren; die Angst, dein Leben zu verlieren. Und dann machst du genau das, was du nie für möglich gehalten hättest. Du gibst alles zu oder leugnest alles ab, je nachdem, wie's gerade gewünscht wird.
Du kannst nicht für dich garantieren und gleich gar nicht für einen anderen. Denn du kennst den anderen nicht, du kennst ja dich selber nicht. Solange du nicht auf dem Prüfstand warst, weiß du nicht, was alles in dir steckt.

In unserem Volk haben Hunderttausende von Spitzeln für die Stasi gearbeitet. Die meisten von denen haben auch manchmal den Standpunkt vertreten: Bei der Firma mache ich nie mit. Und dann haben sie doch mitgemacht. Jetzt will es natürlich wieder mal keiner gewesen sein. Kaum einer meldet sich freiwillig, und die, die erwischt werden, behaupten meistens, sie hätten nur das Gute gewollt. Sie erzählen uns von ihren edlen Motiven, und dieses Gesülze ist noch widerlicher als die ganze Spitzelei.
Ich bin in Sachen Stasi-Mitarbeit für Gerechtigkeit. Das heißt: Solange keine Beweise da sind, bin ich gegen jede Vor-Entschuldigung. Ich kenne einige Leute, von denen ich überzeugt bin, dass sie bei der Stasi mitgemacht haben. Ich kenne einige Leute, von denen ich überzeugt bin, dass sie nicht bei der Stasi mitgemacht haben. Aber ich kenne nur wenige, die so gut sind und die ich so gut kenne, dass ich für sie die Hand ins Feuer legen könnte. Ich wiederhole: Keiner kann für einen anderen, keiner kann für sich garantieren.

## Ich geh aus und ihr bleibt da

Einer, der meinte, für sich garantieren zu können, war der Petrus. Er war einer der engsten Freunde von Jesus. Drei Jahre lang war er von früh bis spät mit ihm zusammen. Drei Jahre lang hat er mit ihm die herrlichsten Sachen erlebt. Für ihn war Jesus zum Lebensinhalt geworden.
Eines Tages sagt Jesus zu seinen Freunden: »Ich muss sterben. Morgen werden sie mich kreuzigen, und heute Nacht werdet ihr alle an mir irre werden.« Darauf Petrus (Vers 33): »Selbst wenn alle anderen an dir irre werden – ich bestimmt nicht.« »Täusche dich nicht«, antwortet Jesus. »Bevor der Hahn heute Nacht kräht, wirst du dreimal behaupten, dass du mich nicht kennst.« Da sagte Petrus:

»Das werde ich niemals tun, und wenn ich mit dir zusammen sterben müsste.« Eine halbe Stunde später stellt sich heraus, dass Petrus nicht mal in der Lage war, mit Jesus zu beten.
Die Sonne geht unter, da brechen sie auf, die Jünger und Jesus, zum Ölberg hinauf. Jesus geht mit seinen Jüngern in den Garten Gethsemane. Dort ist es dunkel. Dort ist es still. Dort will er sich aufs Sterben vorbereiten.
Vers 36: »Ihr bleibt hier«, sagt er zu den Jüngern, »ich gehe ein Stück weiter, um zu beten.« Drei Jünger nimmt er mit. Diese drei – einer von ihnen ist Petrus – sind seine besten Freunde. Noch nie hat er sie so gebraucht wie in dieser Nacht, der Nacht vor seinem Tod.
Jesus weiß, dass er sterben muss. Niemand möchte mit 33 Jahren sterben. Erst recht nicht am Kreuz. In Gethsemane kämpft Jesus den härtesten Kampf seines Lebens. Er kämpft darum, sich und seinen Willen dem Willen Gottes zu ergeben. Er soll, so ist es der Wille Gottes, die Sündenlast der ganzen Menschheit auf seine Schultern nehmen und ans Kreuz tragen. Und davor hat er Angst, Todesangst. Vers 36: Er fängt an, am ganzen Leib zu zittern. Lukas 22,40: Er schwitzt Blut vor Angst.
Noch nie haben die Jünger ihn so gesehen. Bisher kannten sie ihn nur als den Wundertäter, den Tröster, den Sieger über Dämonen, den Sohn Gottes, den Herrn der Welt, den Herrn. Und jetzt sehen sie ihn: wie er mühsam lernt, gehorsam zu sein, vor Angst zitternd, verzweifelt, fertig. Jetzt braucht er selber Trost. Jetzt braucht er seine Freunde. Die können ihm zwar auch nicht helfen, die können nicht mal begreifen, was eigentlich los ist, aber eins können sie: bei ihm bleiben. Sie sollen einfach nur da sein.
Vers 38: »Bleibt hier und wacht mit mir.« Dann geht er noch ein paar Schritte weiter, wirft sich hin, das Gesicht

zur Erde, und betet: »Mein Vater, wenn es möglich ist, lass diesen Leidenskelch an mir vorübergehen, aber es soll geschehen, was du willst, nicht was ich will.«

## Ach, wir haun uns'n bisschen hin

Als er zu den Jüngern zurückkommt, sind sie eingeschlafen. Jesus kämpft mit Gott um Leben und Tod, und seine Jünger kämpfen mit dem Schlaf. Auch Petrus, der noch vor einer halben Stunde für Jesus sterben wollte, kann nicht mal eine Stunde für ihn wach bleiben. Vers 40: »Da sagte er zu Petrus: Könnt ihr nicht einmal eine einzige Stunde mit mir wach bleiben? Bleibt wach und betet!« Das ist doch nicht zuviel verlangt! Für Petrus war's zuviel. Ihm fielen die Augen zu. Jesus geht noch zweimal zu Gott, Vers 42: »Mein Vater, wenn es nicht anders sein kann und ich diesen Leidenskelch austrinken muss, dann soll geschehen, was du willst.« Jedesmal danach findet er seine Jünger schlafend.
Es gibt eben Situationen, in denen man absolut einsam ist. Wir alle werden mindestens eine solche Situation erleben: das ist unsere Todesstunde. In den Todeskampf marschiert jeder für sich allein. Dann verlassen dich dein Arzt, deine Krankenschwester, deine Familie – dann bleibst nur du noch übrig. Du allein.
Aber du wirst auch schon vor deiner Todesstunde solche Situationen erleben, wo du total allein dastehst. Wo dir keiner raten und keiner helfen kann. Wo du einen Schritt ganz allein gehen, eine Entscheidung ganz allein fällen musst. Eine solche Entscheidung ist z.B. die Entscheidung für Gott. Ich kann dich bestenfalls bis zu dem Punkt führen, wo du vor dieser Entscheidung stehst. Dann muss ich dich allein lassen. Dann musst du dich allein entscheiden. Das kann ich dir nicht abnehmen. Das kann dir deine

gläubige Mutter nicht abnehmen, das kann dir dein Pfarrer nicht abnehmen. Diesen Schritt – in das neue Leben mit Gott – musst du ganz allein gehen.
Wenn es ums Sterben und wenn es ums Leben geht, bist du allein. Beides – das Sterben und das Leben – geht nur gut, wenn du dann sagen kannst: »Vater, dein Wille geschehe.«

**Mein Freund, der Spitzel**

Nachdem Jesus das zum dritten Mal gebetet hat, findet er seine Jünger wieder schlafend. Er macht sie munter, Vers 45: »Es ist soweit! Steht auf! Der Verräter ist da.« Und noch während er das sagt, kommen sie zum Garten herein, eine ganze Truppe mit Schwertern und Fackeln wie bei der Großfahndung nach einem Schwerverbrecher. An ihrer Spitze geht Judas! Auch er war ein Jünger von Jesus. Auch er hat drei Jahre mit ihm gelebt. Aber er hat ihn für 30 Silbermünzen an seine Mörder verraten.
So ist es geblieben bis zum heutigen Tage. Der Verräter, der Judas, kommt immer aus den eigenen Reihen. Der Spitzel kommt immer aus dem allerengsten Freundeskreis. Der, den du liebst wie deinen eigenen Sohn, dem du vertraust, mit dem du alles besprichst und alles teilst, der ist es, der dich ans Messer liefert.
Der körperliche Schmerz für Jesus bei der Folterung und Kreuzigung war grausam genug, aber ich glaube, mindestens ebenso grausam war der seelische Schmerz, als er sehen musste, wie ihn seine eigenen Freunde einer nach dem anderen verließen, verrieten und verleugneten. Und dieses Leiden ist ja leider kein abgeschlossenes Kapitel aus der Passionsgeschichte, sondern daran leidet er noch heute: wenn er sieht, wie wir ihn verleugnen. Wie wir so tun, als hätten wir nichts mit ihm zu tun, wie wir ihm davonlaufen, bei seinen Gegnern mitlaufen und mitmachen.

## Eine ziemlich miese Figur

Judas hatte mit dem Überfallkommando ein Zeichen ausgemacht: »Der, den ich küsse, ist es. Den müsst ihr greifen.« Und so tänzelt er auf Jesus zu mit den Worten: »Gegrüßt seist du, Rabbi«, und gibt ihm einen Kuss. Diese Judasküsse zwischen Verrätern und ihren Opfern sind widerlich. Ins Gesicht hätte Jesus dem Verräter spucken müssen, aber er – ich bewundere ihn – bleibt freundlich und redet ihn an mit den Worten: »Mein Freund.« Aber da ist auch schon alles gelaufen. Jesus wird gepackt und verhaftet, und ab geht's.

In dieser Szene geben die Jünger alle eine miese Figur ab. Judas entpuppt sich als gemeiner Verräter, die anderen als gewöhnliche Feiglinge. Keiner sagt einen Mucks. Der einzige Großartige ist Petrus. Der kommt jetzt noch mal ganz groß raus. Bis jetzt hat er noch nichts weiter gemacht als Sprüche geklopft und gepennt. Aber jetzt, wo eine Keilerei in der Luft liegt, da wird er munter. Eine Stunde Beten – das hatte er nicht drauf. Aber einem Bullen eins auf den Hut hauen, das ist seine Welt, da ist der Petrus dicke da. Während er sich noch mit der linken Hand den Schlaf aus den Augen wischt, hat er schon mit der rechten sein Schwert gezogen. Aber weil er eben noch nicht ganz wach ist, haut er daneben und säbelt einem Soldaten ein Ohr ab. Das abbe Ohr fledert wie eine fliegende Untertasse im hohen Bogen durch die Luft und landet weich im Gras, da liegt es nun wie ein verschrumpelter Steinpilz. Irgendwie ein bisschen peinlich, das Ganze, aber immerhin – es spritzt Blut, es geschieht doch was – Action. Petrus ist der absolute Held. Stolzer Blick in Richtung Jesus: »Auf mich kannst du dich eben verlassen.«

Aber dann steht er plötzlich da wie ein dummer Junge, der im Übereifer eine Scheibe eingeschmissen hat. Denn

statt ihn für seine ohrenbetäubende Heldentat zu loben, winkt Jesus ab und pfeift ihn verärgert zurück. Vers 52: »Steck dein Schwert ein. Denn wer das Schwert nimmt, soll auch durch das Schwert umkommen.«
Dann wendet sich Jesus an die Männer, die ihn verhaftet haben, und diesen Moment nutzen die Jünger, um abzuhauen. Die hauen einfach ab! Vers 56: »Da verließen ihn alle seine Jünger und flohen.« Alle!

## Am Feuerchen zum Feierabend

Das muss einer der niederschmetterndsten Momente in der Leidensgeschichte von Jesus gewesen sein. Sie verließen ihn alle. Von diesen Jüngern ist Jesus verraten und verkauft. Mit solchen Jüngern kann Jesus keinen Staat machen. Aber mit solchen Jüngern baut er seine Kirche.
Er wird abgeführt, anschließend sofort verhört. Es treten falsche Zeugen auf, schließlich kommen sie zur Hauptsache. Sie fragen ihn: »Bist du der Sohn Gottes?« Jesus antwortet, Vers 64: »›Ja. Und ich sage euch: von jetzt an werdet ihr sehen, wie der Menschensohn an der rechten Seite des Allmächtigen sitzt und wie er auf den Wolken des Himmels wiederkommt.‹ Als der oberste Priester das hörte, zerriss er sein Gewand und sagte: ›Das ist eine Gotteslästerung! Wie lautet euer Urteil?‹ Sie riefen: ›Er hat den Tod verdient.‹ Dann spuckten sie ihm ins Gesicht und ohrfeigten ihn.«
Das alles hört der Petrus mit. Er ist Jesus hinterhergeschlichen, und während in der offenen Halle des hohenpriesterlichen Palastes das Verhör stattfindet, treibt er sich nebenan im Hof herum, wo die Wachmannschaften mit ihren Frauen ihren Feierabend verbringen. Sie haben sich ein Feuerchen angezündet und sitzen im Kreis zusammen, erzählen sich was, und Petrus setzt sich dazu.

## Heiße Sache!

Das ist natürlich stark. Aber als einer mit seinem Bajonett im Feuer stochert und die Flamme hell auflodert, kommt gerade die Reinemachefrau runter, die ihren Kübel in die Mülltonne bringen will, sieht noch mal genau hin und sagt vor allen Leuten zu ihm (vgl. Mk 14,66ff): »Und du warst auch zusammen mit Jesus von Nazareth.« Er leugnet fließend: »Ich kenne ihn nicht, ich weiß überhaupt nicht, wovon du redest.« Es wird ihm aber doch der Boden ein bisschen zu heiß dort am Feuer, und er verdrückt sich nach draußen in den Vorhof. Dort erwischt ihn ein anderes Mädchen und fängt noch mal an, diesmal zu allen, die dabeistehen: »Der gehört doch auch dazu.« Petrus leugnet und sagt: »Ich schwöre, ich kenne diesen Mann überhaupt nicht.« Eine Weile hat er Ruhe. Die Sache scheint überstanden. Da fängt plötzlich wieder einer an: »Du kannst es doch nicht abstreiten. Du gehörst auch dazu. Du bist doch aus Galiläa, das hört man ja an deiner Sprache.«
Da vergisst Petrus, dass er drei Jahre lang bei Jesus in die Schule gegangen ist. Er fällt wieder zurück in den rüden Ton des Fischers, fängt an, sich zu verfluchen und zu schwören: »Gottverdammich, ich kenne den Mann überhaupt nicht, von dem ihr redet.«
In diesem Moment kräht der Hahn. Da fällt Petrus ein, dass Jesus zu ihm gesagt hat: »Ehe der Hahn kräht, wirst du mich dreimal verleugnen.« In diesem Moment dreht Jesus sich um und sieht Petrus an. Ihre Blicke begegnen sich. Da bricht Petrus zusammen. Er geht hinaus und weint.
Solange Petrus mit sich allein ist und nur darauf sieht, wie er mit dem Rücken an die Wand kommt, erkennt er seine Schuld nicht. Erst in dem Augenblick, wo sein Blick dem

Blick von Jesus begegnet, wo er mit dem Sündlosen, Reinen, Göttlichen konfrontiert wird, erkennt er seine Gemeinheit, Unwürdigkeit, Schwäche.

## Dein Gewissen ist dein Bier

Der Blick von Jesus wird Petrus zur Rettung. Er bereut, kehrt um, er tut Buße, er erkennt seine Schuld. Auch Judas, der Verräter, bereut. Als er sieht, dass sein Verrat zum Tode von Jesus führt, schlägt ihm sein Gewissen. Aber um seine Schuld loszuwerden, wendet er sich an die falsche Adresse. Er geht zum Hohen Rat, für den er als Spitzel gearbeitet hat, er will das Geld zurückgeben und sagt: »Was ich gemacht habe, war falsch.«
Aber die Verführer interessieren nicht die Gewissensqualen der Verführten. Denen ist doch egal, was aus einem wird, den sie zum Verrat an Jesus verführt und zum Spitzeldienst bestochen haben: Ob der daran kaputtgeht – was geht es uns an? Wir haben ein reelles Geschäft gemacht: Du hast uns mit Informationen versorgt, wir haben dich dafür bezahlt. Dein Gewissen ist uns schnuppe, das ist dein Bier. Kapitel 27, Vers 4: »Sie sprachen: Was geht uns das an? Da sieh du selber zu.«
Judas begeht tatsächlich den Fehler, auf diesen zynischen Rat zu hören: sieh selber zu. Er versucht, mit sich selber ins Reine zu kommen, allein mit seinem Gewissenskonflikt fertig zu werden. Er wirft das Geld, für das er Jesus verkauft hat, einfach in den Tempel. Aber so einfach kann man seine Schuld nicht loswerden. Die meisten sündigen, weil sie denken: Wenn ich das Verbotene habe, bin ich glücklich. Es ist aber genau das Gegenteil der Fall. Judas hasst das Geld, für das er Jesus verkauft hat. Eines Tages stinkt dich das an, was du durch deine Sünde erreicht hast, du möchtest es loswerden, aber es geht nicht. Es

klebt an dir fest. Deine Schuld klebt an dir. Sie gehört zu deinem Leben.
Es gibt nur einen, der dir deine Schuld abnimmt, das ist Jesus. Es gibt nur ein Mittel, das deine Schuld wegnimmt, das ist das Blut von Jesus. »Das Blut Jesu Christi macht uns frei von aller Schuld«, so steht es in der Bibel. Darauf kannst du dich verlassen, darauf kannst du dich berufen.

## Judas endet logisch

Für alle Versager, die mal gestolpert sind, die in den Dreck geflogen sind, die wieder sauber werden möchten, ist das der große Trost. Das Trostlose der Geschichte von Judas ist, dass es zwischen ihm und Jesus keine Verbindung mehr gibt. Ihre Blicke begegnen sich nicht wieder. Judas bleibt mit seiner Schuld allein. Er stellt sich Jesus nicht mehr. Er weicht aus. Weicht schließlich aus in den Tod – er begeht Selbstmord.
Das ist das logische Ende von denen, die Jesus verraten – die ihre eigene Schuld vielleicht vor sich selber oder sogar vor anderen eingestehen, aber nicht vor Gott, und die deshalb an ihrer Schuld zugrunde gehen. Schuld, die nicht vor Gott bekannt wird, die nicht von Gott vergeben wird, macht dich kaputt. Aber gerade deshalb ist ja Jesus ans Kreuz gegangen, damit keiner mehr an seiner Schuld kaputtgehen muss.
Und wenn du vor Gott schuldig geworden bist, wenn du versagt hast, und wenn du bei der Stasi warst, dann komm und bekenne deine Schuld. Lass sie dir vergeben. Du brauchst nicht kaputtzugehen wie Judas. Du kannst neu anfangen wie Petrus. Er ist der Beweis, dass Jesus die Versager nicht kaputtmacht, sondern, wenn sie bereuen, zu neuen Menschen macht!

## Drei Fehler – weg ist Petri Heil

Die Frage ist jetzt bloß noch: wie kannst du vermeiden, ein Versager zu werden? Wie konnte es überhaupt dazu kommen, dass aus Petrus so ein Versager wurde? Dafür gibt es drei Gründe:

Er hielt sich für stärker, als er war. Er hielt sich für so klasse, dass er es für ausgeschlossen hielt, er könnte auch mal schwach werden, einen Fehler machen, versagen. »Ich? Sie wissen wohl nicht, wer ich bin? Ich bin der Petrus, die Säule der Gemeinde, die rechte Hand vom Chef, der persönliche Referent von Jesus – ich ihn verleugnen? Den anderen, die ihm nicht so nahestehen wie ich, traue ich das zu. Mir kann so was nicht passieren.«

Solche Klasse-Christen rennen heutzutage auch zuhauf herum. Die denken: »Ich bin bekehrt, aber ob eure Bekehrung echt ist, möchte ich doch bezweifeln. Ich bin frei von Gebundenheiten, aber ihr hängt ja noch an der Zigarette, ihr seid ja noch keine richtigen Christen. Ich habe die Geisttaufe, ätsch, und ihr nicht!«

Das Beste, was solchen De-luxe-Christen passieren kann, ist, dass sie mal so richtig auf die Schnauze fliegen, damit sie begreifen, dass sie Sünder sind. Abhängig von der Gnade Gottes, angewiesen auf seine Vergebung.

Petrus hatte sich überschätzt und zweitens den Feind unterschätzt. Der Feind, der Teufel, ist immer da. Das hatte Petrus vergessen. Und deswegen hielt er es auch nicht für nötig, sich auf einen Angriff des Teufels vorzubereiten.

Jesus hatte ihn extra gewarnt, Vers 41: »Bleibt wach und betet, damit ihr in der kommenden Prüfung nicht versagt.«

Petrus hatte keine Lust zum Beten. Der pennte lieber, weil er sich sagte: »Das schaff ich schon so.« So wie viele von euch lieber pennen, statt früh zu beten, weil ihr euch sagt: »Das schaff ich auch so.« Ihr schusselt in den Tag

rein, ohne mit eurem Gott gesprochen zu haben, und dann wundert ihr euch über eure Pleiten, dass ihr die falschen Entscheidungen trefft, die falschen Antworten gebt, die falschen Dinge tut. Und das alles, weil ihr euch nicht vorbereitet, weil ihr euch nicht Gottes Anweisungen holt, bevor es losgeht.

Und damit sind wir schon beim dritten Grund für das Versagen des Petrus: Ohne eine Anweisung von Jesus zu haben, hatte er sich auf einen falschen Boden begeben. Er betritt den Hof der Wachmannschaften, wo die sitzen, die morgen Nachmittag Dienst auf der Hinrichtungsstätte haben. Petrus mischt sich unter die Mörder seines Herrn. Das Ganze wirkt wie eine Filmszene aus Hollywood. Leutnant Peter schleicht sich ins Hauptquartier der Gangsterbande, um seinen gekidnappten Boss zu befreien. Das wirkt natürlich mächtig mutig, ist aber pure Vermessenheit. Sich unter heidnischen Soldaten und Folterknechten als Jünger von Jesus zu bewähren, das kann man nur, wenn Gott einem dazu den Auftrag gegeben hat. Sonst bleibt man lieber weg. Überlege dir gut, ob du es dir als Christ leisten kannst, bestimmte Plätze aufzusuchen, an denen du nichts zu suchen hast.

**Vergiss das nie**

Das Feuer im Palasthof war kein Platz für Petrus. Vollmundig hat er behauptet, er könne für sich die Hand ins Feuer legen. Er hat mit dem Feuer gespielt und sich dabei die Finger verbrannt. Denn wer sich in Gefahr begibt, kommt darin um. So wurde Petrus zum Versager und Verleugner.

Das alles hat Jesus schon vorher gewusst. Er wusste, dass ihn die Jünger im Augenblick der größten Not im Stich lassen würden. Er wusste, dass sie, um ihr Leben zu ret-

ten, abhauen und ihn verraten würden. Er wusste, was für miese Versager seine Jünger waren. Und trotzdem hat er sie nicht verurteilt. Er hat sie nicht verachtet, sondern er hat sie geliebt, unbeirrbar geliebt. Darin besteht seine Größe: Er kennt die Menschen von ihrer schlechtesten Seite und hat sie doch lieb.

Er kennt uns von unserer schlechtesten Seite und hat uns doch lieb. Er kennt dich von deiner schlechtesten Seite. Er kennt deine Schwachheit. Er kennt deine Feigheit. Er weiß, dass du mit Sicherheit Fehler machst, dass du sündigen wirst. Und er liebt dich trotzdem. Vergiss das nie: Er liebt dich trotzdem.

AUSSAAT

ISBN
978-3-7615-3746-6

ISBN 978-3-7615-5688-7

ISBN 978-3-7615-5577-4

ISBN 978-3-7615-5628-3